Albert Camus
CITOYEN DU MONDE

SOPHIE DOUDET, MARCELLE MAHASELA,
PIERRE-LOUIS REY, AGNÈS SPIQUEL, MAURICE WEYEMBERGH

Albert Camus
CITOYEN DU MONDE

Gallimard

En hommage à Albert Camus pour les cent ans de sa naissance,
cet ouvrage est réalisé à l'occasion de l'exposition *Albert Camus, citoyen du monde*,
présentée du 5 octobre 2013 au 5 janvier 2014 à Aix-en-Provence,
produite par la Cité du Livre-Bibliothèque Méjanes, coproduction Ville d'Aix-en-Provence - Communauté du pays d'Aix.

EXPOSITION

COMITÉ SCIENTIFIQUE
Sophie Doudet, Marcelle Mahasela,
Pierre-Louis Rey, Agnès Spiquel,
Maurice Weyembergh

CONCEPTION DE LA SCÉNOGRAPHIE
RÉALISATION ET DIRECTION ARTISTIQUE
Yacine Aït Kaci

PRODUCTEUR DÉLÉGUÉ
Oriana Schwaan

CRÉATION & DESIGN SONORE
Stéphan Haeri

DIRECTION DES DÉVELOPPEMENTS LOGICIELS
Leïla Aït Kaci - Noxaka

DIRECTION TECHNIQUE
Nicolas Petit

ASSISTANTE DE RÉALISATION AUDIO-VISUELLE
Diane Toulemonde

LECTURE
Avec la participation exceptionnelle de
Francis Huster

RÉALISATION DU DÉCOR
StedBis

PRÊTEURS
Catherine et Jean Camus
Jean-Pierre Bénisti
Éditions Gallimard
Fonds Albert Camus, Bibliothèque Méjanes
Luís Ortiz

EXPOSITION LABELLISÉE
MARSEILLE-PROVENCE 2013

CATALOGUE D'EXPOSITION

AUTEURS DES TEXTES
Sophie Doudet, Marcelle Mahasela,
Pierre-Louis Rey, Agnès Spiquel,
Maurice Weyembergh.

COORDINATION
Marcelle Mahasela

DIRECTION ÉDITORIALE
Alban Cerisier

SUIVI ÉDITORIAL
Marie-Noëlle Ampoulié

RECHERCHE ICONOGRAPHIQUE
Isabelle de Latour

DIRECTRICE ARTISTIQUE
Anne Lagarrigue

CONCEPTION GRAPHIQUE
Clotilde Chevalier

CHEF DE FABRICATION
Christian Delval

SUIVI DE FABRICATION
Cécile Lebreton

PARTENARIAT
Franck Fertille

PRESSE
Christelle Mata

REMERCIEMENTS

Nous adressons nos plus vifs remerciements
à Catherine et Jean Camus, ainsi qu'à tous
ceux qui ont participé, de près ou de loin,
à la réalisation de cette exposition et de son
catalogue :

Nathalie Allio, Anne Aubert, Bruno Aubry,
Stéphanie Bailleau, Jean-Pierre Bénisti,
Nathalie Boisset, Rémy Borel, Aurélie Bosc,
Julien Chapon, Béatrice Coignet,
Virginie Doményi, Olivier Escobar,
Jean-Sébastien Gaydon, Laurent Graff,
Jean Iborra, Anne Illemassene, Éric
Legendre, Anne Lemaire, Isabelle Loriant,
Bernard Magnan, Corinne Prévost,
Thierry Roche.

© Éditions Gallimard, 2013.

SOMMAIRE

AVANT-PROPOS p.7

ALBERT CAMUS, CITOYEN DU MONDE p.9

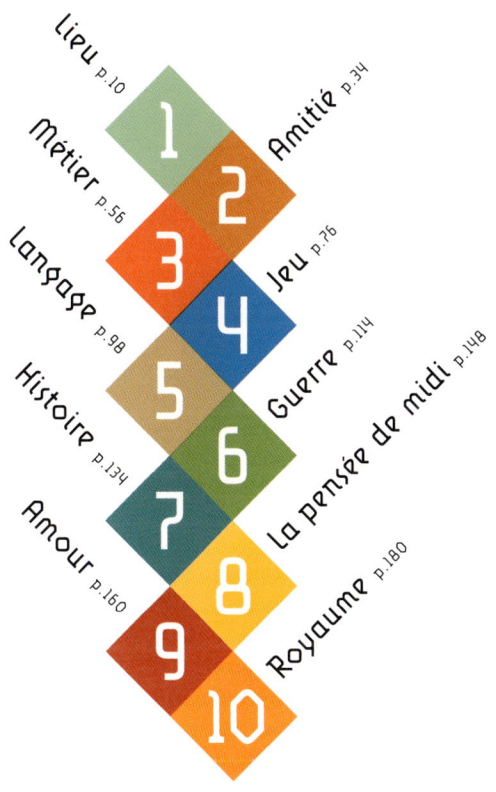

- 1 Lieu p.10
- 2 Amitié p.34
- 3 Métier p.56
- 4 Jeu p.76
- 5 Langage p.98
- 6 Guerre p.114
- 7 Histoire p.134
- 8 La pensée de midi p.148
- 9 Amour p.160
- 10 Royaume p.180

CHRONOLOGIE p. 198

PRÉSENTATION DES ŒUVRES D'ALBERT CAMUS p.200

METTRE EN SCÈNE UNE PENSÉE p.204

Le sigle OC renvoie aux *Œuvres complètes* d'Albert Camus :
tomes I (1931-1944) et II (1944-1948) sous la direction de Jacqueline Lévi-Valensi ;
tomes III (1949-1956) et IV (1957-1959) sous la direction de Raymond Gay-Crosier ;
Gallimard, 2006-2008 (« Bibliothèque de la Pléiade »).

AVANT-PROPOS

ALBERT CAMUS, CITOYEN D'AIX ET DU MONDE

En 2013, année du centenaire de sa naissance, Albert Camus a fait couler beaucoup d'encre. Ce n'est pas nouveau. Dépositaire du Fonds Albert-Camus, la Bibliothèque Méjanes et la ville d'Aix-en-Provence se devaient de rendre hommage à l'homme révolté, à cette pensée de midi chère à son cœur. Loin des polémiques stériles et des guillotines en papier agitées par quelques idéologues en mal d'inspiration, Albert Camus, qui aspirait à une « vie libre pour chacun et juste pour tous », trouve ainsi le rôle et la place qui lui reviennent en 2013, dans le paysage culturel du Pays d'Aix et au-delà.

Grâce à l'équipe qui a conçu cette exposition, scientifiques et scénographe – auxquels je veux rendre hommage –, nous accueillons ce « citoyen du monde » avec un regard nouveau, « sorti de nos schémas universitaires » comme le souligne Agnès Spiquel. Camus, ses mots et ses citations, ses textes et ses thèmes, sa pensée et finalement son œuvre littéraire et philosophique prennent ici un relief particulier au travers d'une mise en scène originale, combinant le son, l'image et l'écrit ; pour donner à voir et à ressentir Camus. Que nous l'ayons lu, ou que nous ne l'ayons pas lu : chacun trouve ou découvre par un jeu savant de lettres et de phrases l'esprit et l'intelligence de l'écrivain, du philosophe, du dramaturge… du journaliste ; de l'amoureux du mot juste car « mal nommer un objet, c'est ajouter au malheur de ce monde » ; de l'homme de *Combat* ; du résistant. En un mot, de l'humaniste.

Un humaniste, citoyen du monde. Car son engagement et son action ne connaissaient ni frontières géographiques ni limites dogmatiques. Témoin de son temps, historien du présent, il a surtout rejeté la compromission, cherchant inlassablement à concilier justice et liberté contre le franquisme, contre le nazisme, contre le stalinisme… contre tous les totalitarismes. « Que préfères-tu, celui qui veut te priver de pain au nom de la liberté ou celui qui veut t'enlever ta liberté pour assurer ton pain ? », s'interrogeait-il, révélant un dilemme tellement actuel ; et malheureusement tellement universel.

Je cède la parole à ce collectif d'experts plus qualifiés que moi pour vous guider, avec cet ouvrage, sur ce parcours humain, à la découverte de la pensée de Camus et de ses subtilités.

LE MAIRE D'AIX-EN-PROVENCE
PRÉSIDENT DE LA COMMUNAUTÉ DU PAYS D'AIX

ALBERT CAMUS, CITOYEN DU MONDE

Comment Albert Camus « habite » le monde est ce que nous avons souhaité illustrer. Le monde est une cité où pourraient cohabiter des hommes libres et égaux. Montrer en Camus le « citoyen du monde », c'est souligner son lien avec la nature, son souci du temps présent et de l'avenir, sa générosité envers les autres, son refus des frontières, son sens aigu d'une fraternité universelle. Nous avons voulu le rendre intensément présent, à travers des documents, des photos et des textes.

Le parcours que nous proposons n'est ni chronologique ni géographique, il ne va pas du concret vers l'abstrait, il vise à faire ressortir combien la pensée de Camus est nourrie d'expériences authentiques, combien sa vie et son œuvre sont une même et unique quête du « secret du monde ».

Partant de l'inscription de Camus dans des lieux concrets (LIEU), nous aborderons sa formation intellectuelle et humaine (AMITIÉ), ses investissements quotidiens (MÉTIER), les divertissements qui exigent du sérieux (JEU). Soucieux de nommer justement les choses (LANGAGE), Camus témoigne dans son œuvre de son expérience du monde, et se révolte contre ses horreurs (GUERRE) aussi bien que contre toutes les formes de la tyrannie (HISTOIRE). Sa méditation sur le siècle de la peur et de la mort s'exprime dans une pensée tendue, tel le soleil au zénith, entre toutes les formes de démesure (LA PENSÉE DE MIDI). Cette aspiration au bonheur et à la beauté, qui se déploie dans un équilibre fragile entre les êtres (AMOUR), aboutit au « lieu » toujours menacé, où les hommes peuvent vivre, aimer, sentir, admirer, créer (ROYAUME).

SOPHIE DOUDET, MARCELLE MAHASELA, PIERRE-LOUIS REY,
AGNÈS SPIQUEL, MAURICE WEYEMBERGH

Alors que nous concluons notre travail, la presse annonce la mort de Garry Davis (1921-2013) qui incarna la notion de « citoyen du monde ». Albert Camus le soutint.

1 lieu

- L'ALGÉRIE, TERRE DE L'ENFANCE

- ALGER ET TIPASA, L'ÉVEIL À LA BEAUTÉ

- ORAN, VILLE DE L'ENNUI

- PRAGUE, PARIS, VILLES FERMÉES

- LE PANELIER, AMSTERDAM, LE ZUYDERZEE

- LES AMÉRIQUES

- L'ITALIE, LA GRÈCE

- LES COLLINES DE LOURMARIN

- LA COUR D'ÉCOLE, LE STADE, LA SCÈNE

- LE DÉSERT, LA MER

À Florence, 1937.

> « *Florence ! Un des seuls lieux d'Europe où j'ai compris qu'au cœur de ma révolte dormait un consentement.* »
>
> «LE DÉSERT», *NOCES*, OC I, P. 137.

La baie d'Alger, le soleil, la lumière qui inonde les plages, les ruines de Tipasa ont modelé la sensibilité d'Albert Camus. Mais le soleil au zénith figure aussi la « pensée de midi », héritée des Grecs de l'Antiquité, image d'une immobilité préférable au cours prétendument irréversible de l'Histoire ; quant à la baie, tel un arc tendu, elle satisfera toujours son aspiration à la perfection. L'intensité du bonheur signifie toutefois sa précarité. La plage où Meursault jouit des bienfaits de la nature est un lieu tragique : la lumière y est si vive que, virant soudain au noir, elle provoque le malheur.

« Tout pays où je ne m'ennuie pas est un pays qui ne m'apprend rien » (« La mort dans l'âme »). Oran, ville de l'ennui, fut un désert propice à sa méditation, à l'écart de la vaine rumeur du monde. Mais loin de l'Algérie, il vit en exil. La grisaille de Prague dès 1936, Paris aux teintes tendres et mélancoliques, le « vieux pays » du Vivarais, la pluie qui « coule inlassablement entre les hauts cubes de ciment » de New York, celle d'Amsterdam qui servira de décor pour *La Chute*... En Amérique du Sud même, il goûte aux plaisirs du pittoresque plus qu'il ne trouve la paix du cœur : il devra transposer ses longs voyages en mer pour en faire le lieu d'une aventure exaltante et toujours périlleuse (« La mer au plus près »). Pourtant, « il arrive qu'on ait besoin d'exil ». La formule lui a été inspirée par son séjour à New York, « lieu de délivrance au monde » où on peut « se perdre enfin sans jamais se retrouver ».

La lumière baigne heureusement d'autres paysages que les rivages de l'Algérie. Camus s'est senti revivre en Italie au retour de Prague, l'harmonie lumineuse de la Grèce où il aborde enfin en 1955 l'émeut aux larmes, et, même si on n'aperçoit pas la Méditerranée quand on habite à Lourmarin, les collines du Luberon sont propices à un sentiment de plénitude comparable à celui que donne le Chenoua, dont la lourde masse domine les ruines de Tipasa.

La rumeur du monde, il l'a fuie aussi grâce à des lieux privilégiés : les terrains de football, puis les tribunes des stades, où il retrouve une forme d'innocence, pareille à celle qu'il connut dans sa cour d'école où il était le « roi ». Mais son principal refuge restera le théâtre. Il a toujours eu, dans la société intellectuelle, l'impression d'avoir quelque chose à se faire pardonner. « Sur un plateau de théâtre, au contraire, je suis naturel » (« Pourquoi je fais du théâtre ? »).

L'ALGÉRIE, TERRE DE L'ENFANCE

Né à proximité d'une bourgade de ce vaste Maghreb que *Le Premier Homme* célébrera comme une terre de pionniers, Albert Camus a grandi auprès de sa mère à Belcourt, un quartier pauvre d'Alger. Il jouait sur des plages ou sur des terrains vagues ; la mer, le soleil, la lumière du ciel étaient ses vraies richesses. Longtemps, il n'eut pour horizon exotique que la végétation luxuriante du Jardin d'essai, qu'il explorait avec ses camarades d'école.

« Au-dessus de la carriole qui roulait sur une route caillouteuse, de gros et épais nuages filaient vers l'est dans le crépuscule. Trois jours auparavant, ils s'étaient gonflés au-dessus de l'Atlantique, avaient attendu le vent d'ouest, puis s'étaient ébranlés, lentement d'abord, et de plus en plus vite, avaient survolé les eaux phosphorescentes de l'automne, droit vers le continent, s'étaient effilochés aux crêtes marocaines, reformés en troupeaux sur les hauts plateaux d'Algérie, et maintenant, aux approches de la frontière tunisienne, essayaient de gagner la mer Tyrrhénienne pour s'y perdre. »

LE PREMIER HOMME, OC IV, P. 741.

1. Passeport d'Albert Camus, né à Mondovi (Constantine) le 7 novembre 1913 et résidant à Alger.

2. Carte coloniale indiquant les conditions et formalités pour obtenir une concession en Algérie.

3. Premier feuillet du *Premier Homme*, ms.

« L'enfant se retournait alors vers la pièce quasi nue, peinte à la chaux, meublée au centre d'une table carrée, avec le long des murs un buffet, un petit bureau couvert de cicatrices et de taches d'encre et, à même le sol, un petit sommier recouvert d'une couverture où le soir venu couchait l'oncle à demi muet, et cinq chaises. »

LE PREMIER HOMME, OC IV, P. 762.

5. Croquis de Charles Brouty (*Tu te rappelles La Bassetta*, Alger, Baconnier, 1964).

« Ils en oubliaient même l'heure, courant de la plage à la mer, séchant sur le sable l'eau salée qui les faisait visqueux, puis lavant dans la mer le sable qui les habillait de gris. »
LE PREMIER HOMME, OC IV, P. 771.

4. Plage de sable à Tipasa par Henriette Grindat, photographe de *La Postérité du soleil* écrit par Albert Camus et René Char (1965).

6 et 7. Le Jardin d'essai et d'acclimatation, construit dès les débuts de la colonisation, était un lieu de promenade pour les Algérois. Extrait du *Livre du Centenaire de l'Algérie*, Horizons de France, 1929.

« Dans la grande allée qui ouvrait jusqu'à la mer une grande perspective de bassins et de fleurs, ils prenaient des airs de promeneurs indifférents et civilisés sous le regard méfiant des gardes. Mais, à la première allée transversale, ils prenaient leur course vers la partie est du jardin, à travers des files d'énormes palétuviers si serrés qu'il faisait presque nuit à leur ombre, vers les grands arbres à caoutchouc dont on ne pouvait distinguer les branches tombantes des racines multiples et qui descendaient des premières branches vers la terre, et plus loin encore, vers le but réel de leur expédition, les grands palmiers cocos... »
LE PREMIER HOMME, OC IV, P. 768.

ALGER ET TIPASA, L'ÉVEIL À LA BEAUTÉ

La baie d'Alger, ville ouverte sur la mer, l'idéal de beauté d'Albert Camus ; les flâneries dans les rues et les plaisirs de la baignade lui offrent la tentation d'un idéal de vie. À l'époque de l'adolescence, il découvre Tipasa. « Mariage des ruines et du printemps », cette ancienne colonie romaine d'Algérie « habitée par les dieux » lui fait comprendre ce qu'on appelle « gloire », c'est-à-dire « le droit d'aimer sans mesure ». Il y ressent aussi combien, parce qu'il est précaire, le bonheur est tragique.

2 et 3. « Les hommes trouvent ici pendant toute leur jeunesse une vie à la mesure de leur beauté. »
« L'été à Alger », *Noces*, 1939, ms.

1. La baie d'Alger.

« À Alger, pour qui est jeune et vivant, tout est refuge et prétexte à triomphes : la baie, le soleil, les jeux en rouge et blanc des terrasses vers la mer, les fleurs et les stades, les filles aux jambes fraîches. »
« L'ÉTÉ À ALGER », *NOCES*, OC I, P. 118.

« Je recommande au voyageur sensible, s'il va à Alger, [...] de s'asseoir par terre, à six heures du soir, au pied de la statue du duc d'Orléans, place du Gouvernement (ce n'est pas pour le duc, c'est qu'il y passe du monde et qu'on y est bien). »
L'ÉTÉ, OC III, P. 595.

4. Place du Gouvernement, avec la statue du duc d'Orléans, à Alger.

« C'est vrai
que les pays méditerranéens
sont les seuls où je puisse
vivre, que j'aime la vie
et la lumière ; mais c'est
aussi vrai que le tragique
de l'existence obsède
l'homme et que le plus
profond de lui-même
y reste attaché. »

«PROJET DE PRÉFACE» POUR L'ENVERS ET L'ENDROIT, OC I, P. 73.

« C'est vrai que les pays méditerranéens sont les seuls où je puisse vivre, que j'aime la vie et la lumière ; mais c'est aussi vrai que le tragique de l'existence obsède l'homme et que le plus profond de lui-même y reste attaché. »

5. À Tipasa avec Christiane Galindo, Yvonne Miallon et Madeleine Jaussaud [1937].

6. Tombes à Tipasa. Photographie d'Henriette Grindat.

« *C'est le grand libertinage de la nature et de la mer qui m'accapare tout entier. Dans ce mariage des ruines et du printemps, les ruines sont redevenues pierres, et perdant le poli imposé par l'homme, sont rentrées dans la nature* »

« NOCES À TIPASA », *NOCES*, OC I, P. 106.

7. Illustration de Mayo pour *L'Étranger*, édition illustrée de 1946 (Gallimard).

« *La mer a charrié un souffle épais et ardent. Il m'a semblé que le ciel s'ouvrait sur toute son étendue pour laisser pleuvoir du feu. Tout mon être s'est tendu et j'ai crispé ma main sur le revolver. La gâchette a cédé, j'ai touché le ventre poli de la crosse et c'est là, dans le bruit à la fois sec et assourdissant, que tout a commencé. [...] J'ai compris que j'avais détruit l'équilibre du jour, le silence exceptionnel d'une plage où j'avais été heureux* »

L'ÉTRANGER, OC I, P. 176

ORAN, VILLE DE L'ENNUI

Au début de la Guerre, Albert Camus séjourne à Oran. Ville poussiéreuse aux laides constructions, tournant le dos à la mer, Oran est la cité de l'ennui. Mais parce qu'elle est un désert culturel, elle n'invite que mieux à la réflexion. Elle servira de décor à *La Peste*, où les victimes de l'épidémie rêvent à la mer comme à une porte vers l'évasion. En conclusion du « Minotaure », composé pendant son séjour, il avait déjà adressé à Oran un éloge paradoxal : elle offre des promesses de départ.

« Les rues d'Oran sont vouées à la poussière, aux cailloux et à la chaleur. S'il y pleut, c'est le déluge et une mer de boue. »
« LE MINOTAURE OU LA HALTE D'ORAN », *L'ÉTÉ*, OC III, P. 569.

« La cité elle-même, on doit l'avouer, est laide. D'aspect tranquille, il faut quelque temps pour apercevoir ce qui la rend différente de tant d'autres villes commerçantes, sous toutes les latitudes. Comment faire imaginer, par exemple, une ville sans pigeons, sans arbres et sans jardins, où l'on ne rencontre ni battements d'ailes ni froissements de feuilles, un lieu neutre pour tout dire ? »
LA PESTE, OC II, P. 35.

1. Cahier III des *Carnets* I, dactyl. avec corr. ms.

2 et 3. La chapelle Santa Cruz et la Grande Mosquée d'Oran, cartes postales conservées par Camus.

4. À Oran, rue d'Arzew, 1941.

« La baie de Mers-el-Kébir et le chemin sous les amandiers en fleurs ; le dessin parfait de la baie – son étendue moyenne – l'eau comme une plaque de métal bleu. Indifférence. »

CARNETS, OC II, P. 899.

5. Mers el-Kébir, sur le golfe d'Oran.

PRAGUE, PARIS, VILLES FERMÉES

À Prague, Albert Camus avait déjà, « la mort dans l'âme », cultivé les vertus de l'ennui et de la solitude. À Paris, où il élira définitivement domicile, il se sentira toujours plus ou moins en exil. Un exil bienfaisant tant que la grande ville lui permet d'échapper à la vie en société. Mais du moment où il sera atteint par la notoriété, la « jungle » parisienne, avec ses haines, sa vanité et ses égoïsmes, ne lui témoignera guère de pitié.

« Je me perdais dans les somptueuses églises baroques, essayant d'y retrouver une patrie, mais sortant plus vide et plus désespéré de ce tête-à-tête décevant avec moi-même. J'errais le long de l'Ultava coupée de barrages bouillonnants. Je passais des heures démesurées dans l'immense quartier du Hradschin, désert et silencieux. »

« LA MORT DANS L'ÂME », *L'Envers et l'Endroit*, OC I, P. 57.

1. « La Mort dans l'âme », *L'Envers et l'Endroit*, dactyl. avec corr. ms. En 1936, Camus a fait un voyage en Europe de l'Est. Prague, en opposition avec le pourtour méditerranéen, cristallise sa réticence à l'égard des villes du Nord et de l'Est.

3. Les bords de la Vltava, Prague. Photographie de Jean-Pierre Bénisti.

« Ce qu'il y a de haïssable à Paris : la tendresse, le sentiment, la hideuse sentimentalité qui voit joli ce qui est beau et trouve beau le joli. La tendresse et le désespoir de ces ciels brouillés, des toits luisants, de cette pluie interminable.
Ce qu'il y a d'exaltant : la terrible solitude.
Comme remède à la vie en société : la grande ville.
C'est désormais le seul désert praticable. »

CARNETS, 1940, OC II, P. 908.

4. « Août [1937]. Tendresse et émotion de Paris. Les chats, les enfants, l'abandon du peuple. Les couleurs, le ciel, la grande parade de pierre et d'eau. » *Carnets*, I, ms.

5. La Concorde, 1933. Photographie de Roger Schall.

« C'est sale. Il y a des pigeons et des cours noires. Les gens ont la peau blanche. »

MEURSAULT DANS *L'ÉTRANGER*, OC I, P. 165.

LE PANELIER, AMSTERDAM, LE ZUYDERZEE

Au Panelier, dans les montagnes du Vivarais, Albert Camus a trouvé un climat propice aux soins de sa tuberculose, mais aussi les rigueurs d'un hiver qui supprime les couleurs, les sons et les parfums. La pluie l'attend en Hollande où son bref séjour lui inspire le décor de *La Chute*, confession d'un pénitent qui a choisi d'habiter Amsterdam, ville froide où les canaux concentriques vous tiennent prisonniers, tandis que le Zuyderzee tout proche donne l'image du néant.

« Dans ce pays où l'hiver a supprimé toute couleur puisque tout y est blanc, le moindre son puisque la neige l'étouffe, tous les parfums puisque le froid les recouvre, la première odeur d'herbes du printemps doit être comme l'appel joyeux, la trompette éclatante de la sensation. »

CARNETS, 1942, OC II, P. 969.

« C'est un très vieux pays qui remonte jusqu'à nous en un seul matin à travers des millénaires… »

CARNETS, 1942, OC II, P. 967.

1. Le Panelier, carte postale. Ferme près du Chambon-sur-Lignon (Haute-Loire) où Camus se réfugie en 1942 pour rétablir sa santé. Il y séjournera à plusieurs reprises.

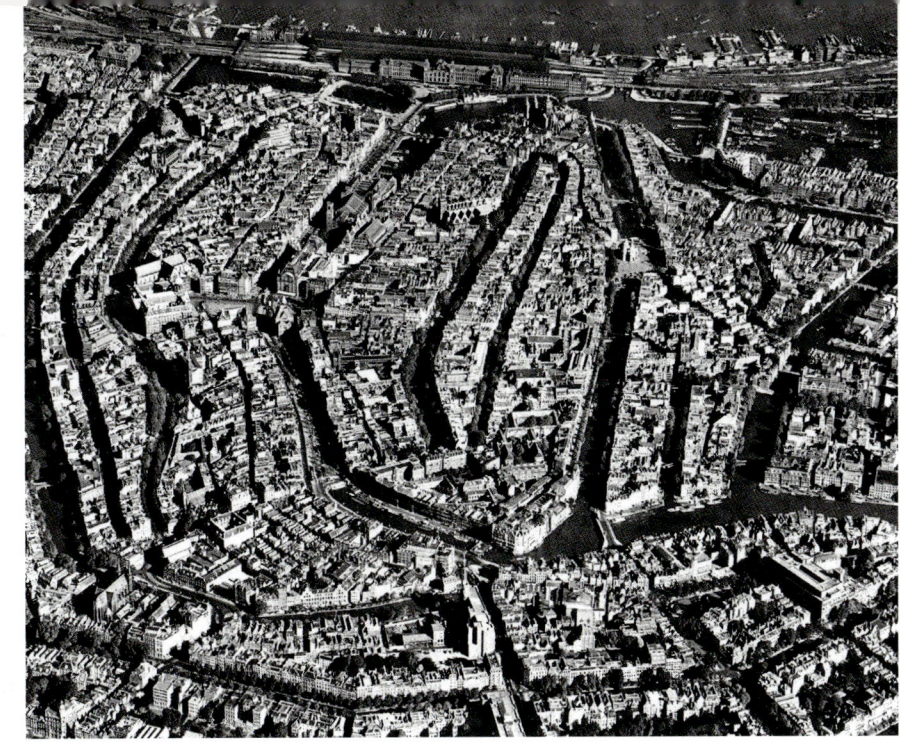

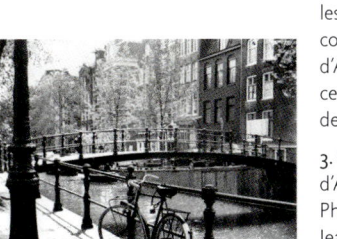

2. Dans *La Chute*, Camus compare les canaux concentriques d'Amsterdam aux cercles de *L'Enfer* de Dante.

3. Canaux d'Amsterdam. Photographie de Jean-Pierre Bénisti. En 1954, Camus visite Amsterdam dont il fera le décor de *La Chute*.

« La Hollande est un songe, monsieur, un songe d'or et de fumée, plus fumeux le jour, plus doré la nuit, et nuit et jour ce songe est peuplé de Lohengrin comme ceux-ci, filant rêveusement sur leurs noires bicyclettes à hauts guidons, cygnes funèbres qui tournent sans trêve, dans tout le pays, autour des mers, le long des canaux »

LA CHUTE, OC III, P. 702.

Joli village, hein, pittoresque, comme on dit! Mais je ne vous ai pas amené dans cette île pour le pittoresque, cher ami. Tout le monde peut vous montrer des coiffes, des sabots, et des maisons de poupées où les pêcheurs fument du tabac fin dans l'odeur de l'encaustique. Je veux vous montrer ce qu'il y a d'important ici, d'essentiel même, selon moi et bientôt, j'en suis sûr, selon vous. Nous y sommes, voilà la digue. Il faut la suivre ~~peut-~~être aussi loin que possible de ces maudites maisons. Là, asseyons-nous. Qu'en dites-vous ? Voilà, n'est-ce pas, le plus beau paysage négatif du monde! Voyez la dune à notre gauche, toute cendreuse, la digue blême à droite, la grève livide ~~au dessous de nous~~, la vaste mer couleur de lessive faible, ~~ou de bouillon de légumes et, le ciel immense,~~ gris, reflet des eaux pâles. Regardez: rien que des horizontales! Aucun éclat, l'espace est incolore, la vie morte. Ah! Ah! C'est l'effacement universel, le néant sensible aux yeux. Pas d'hommes, surtout, pas d'hommes! Vous et moi devant la planète enfin déserte. Le ciel vit ? ~~C'est vrai~~, il s'épaissit puis se creuse, ouvre des escaliers d'air, ferme des

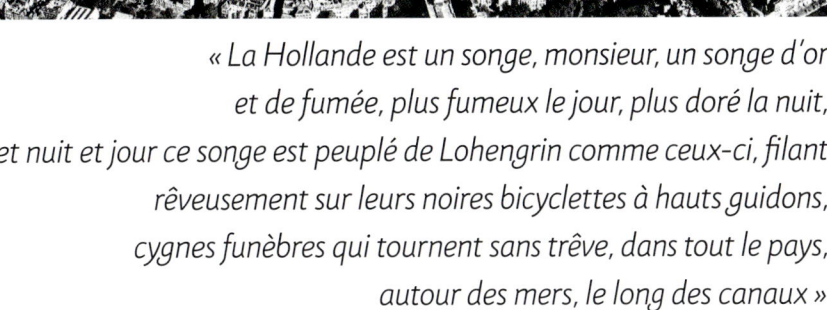

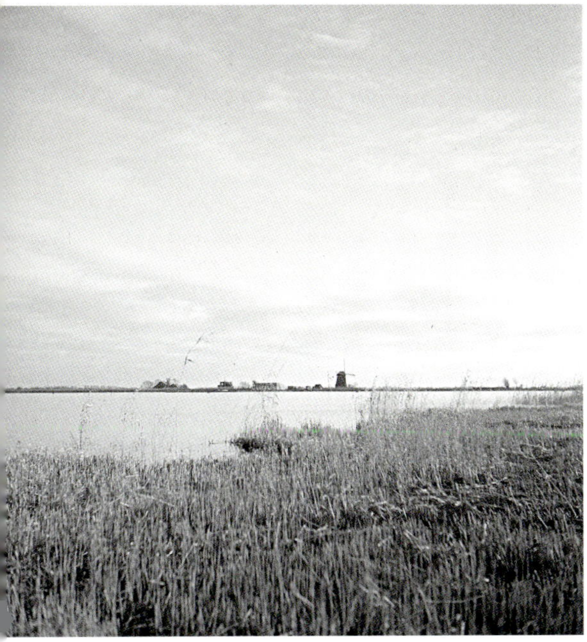

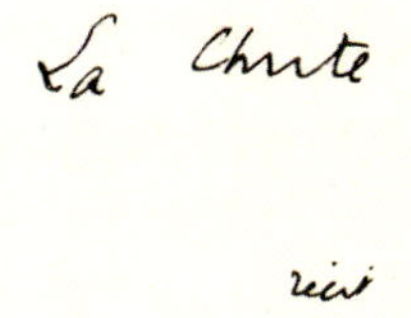

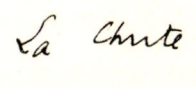

« Qu'en dites-vous ? Voilà, n'est-ce pas, le plus beau des paysages négatifs ! Voyez, à notre gauche, ce tas de cendres qu'on appelle ici une dune, la digue grise à notre droite, la grève livide à nos pieds et, devant nous, la mer couleur de lessive faible, le vaste ciel où se reflètent les eaux blêmes. Un enfer mou, vraiment ! Rien que des horizontales, aucun éclat, l'espace est incolore, la vie morte. N'est-ce pas l'effacement universel, le néant sensible aux yeux ? »

LA CHUTE, OC III, P. 729.

4. Zuyderzee, 1938. Photographie de Roger Parry.

5. *La Chute*, 1956, page de titre, ms.

6. *La Chute*, 1956, dactyl. avec corr. ms.

LES AMÉRIQUES

« Il arrive qu'on ait besoin d'exil. »... « J'ai aimé les matins et les nuits de New York », écrit Albert Camus en revenant de cette ville qui l'a moins étonné par ses gratte-ciel que par les pluies qui les mouillent inlassablement. Celles-ci lui ont procuré, curieusement, un sentiment de délivrance. D'une tournée en Amérique du Sud, que sa maladie a rendue douloureuse, il rapporte le sentiment mêlé d'une beauté étrangère à son tempérament et d'une végétation où s'égarent ses repères.

« J'ai aimé New York, de ce puissant amour qui vous laisse parfois plein d'incertitudes et de détestation : il arrive qu'on ait besoin d'exil. Et l'odeur elle-même des pluies de New York vous poursuit alors au fond des villes les plus harmonieuses et les plus familières, pour vous dire qu'il est au moins un lieu de délivrance au monde, où l'on pourra, avec tout un peuple et pour le temps que l'on voudra, se perdre enfin sans jamais se retrouver ».

« PLUIES DE NEW YORK », OC II, P. 693.

1. New York, 1945. Photographie de Roger Parry.

2. « Pluies de New York », Lausanne, Formes et couleurs, 1947, ébauche pour une reliure par Alain Koren.

3. Le Havre, 1946, départ pour New York, pour une tournée de conférences en Amérique du Nord.

4. À Rio de Janeiro, 1949.

« L'avion part enfin, au coucher du soleil. Nous passons les Andes dans la nuit — et je n'en vois rien — ce qui est le symbole de ce voyage. Tout au plus, j'aperçois des arêtes neigeuses dans la nuit. Mais j'ai eu le temps de voir avant la nuit complète l'immense et monotone pampa — qui n'en finit plus. La descente sur Santiago se fait en un éclair sous un ciel de velours. À nos pieds, une forêt d'étoiles clignotantes. Douceur caressante de ces villes étendues dans la nuit au bord des océans. »

CARNETS, 1949, OC IV, P. 1050.

« [Amérique du Sud]. Pays où les saisons se confondent les unes avec les autres, où la végétation inextricable en devient informe, où les sangs sont mélangés aussi à tel point que l'âme en a perdu ses limites. »

CARNETS, 1949, OC IV, P. 1046.

5. « Une macumba au Brésil », extrait inédit d'un journal de voyage de Camus, *Livre de France*, novembre 1951. Ce texte est repris sous le titre « La pierre qui pousse » dans *L'Exil et le Royaume* en 1957.

6. Corcovado, Le pain de sucre, Rio de Janeiro, en compagnie de Murillo Mendes et Maria da Saudade, 1949. Camus fait une tournée de conférences en Amérique du Sud.

L'ITALIE, LA GRÈCE

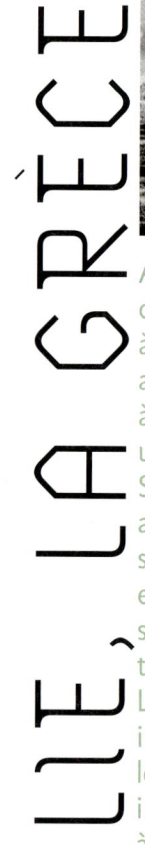

1. Paysage de Toscane, 1958.

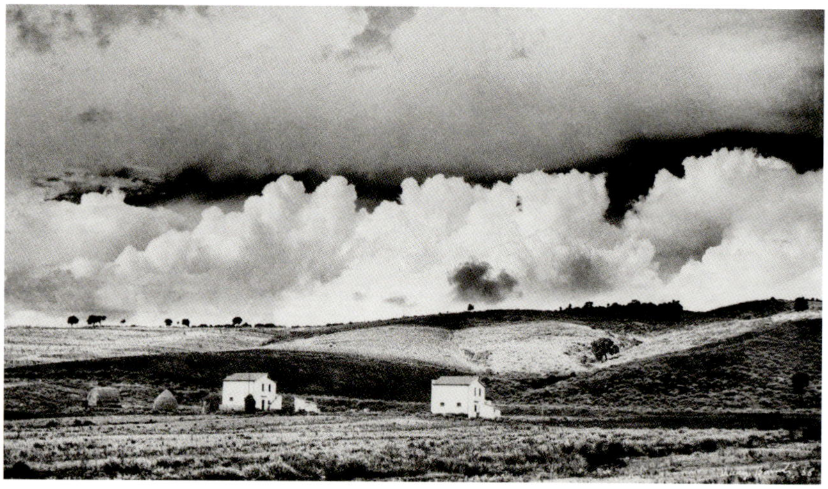

Au retour du sombre voyage à Prague, l'Italie avait offert à Albert Camus une renaissance. Ses petites villes aussi bien que ses palais, son ciel et ses cyprès s'accorderont toujours à son âme. La Grèce, dont il célébrait déjà les dieux quand il se trouvait à Tipasa, il la découvre tardivement. Sur l'Acropole ou dans ses archipels, il éprouve plus que jamais ce bonheur qui le met au bord des larmes parce qu'il est à la fois intense et toujours menacé.

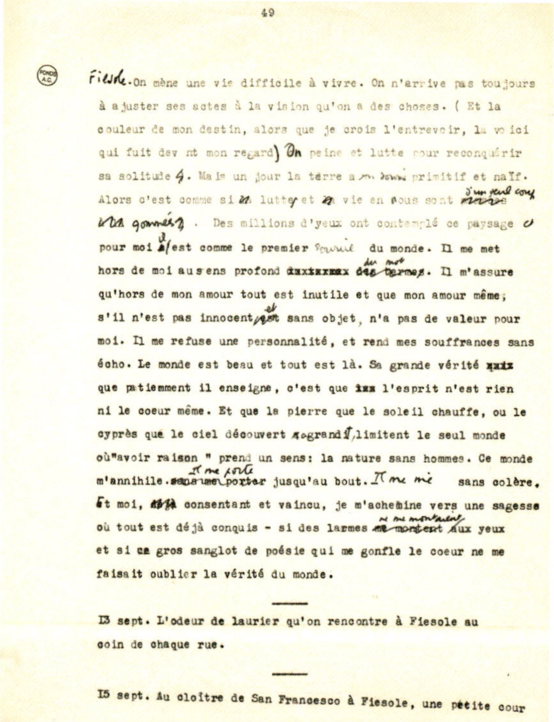

49

Fiesole. On mène une vie difficile à vivre. On n'arrive pas toujours à ajuster ses actes à la vision qu'on a des choses. (Et la couleur de mon destin, alors que je crois l'entrevoir, la voici qui fuit devant mon regard) On peine et lutte pour reconquérir sa solitude. Mais un jour la terre a son sourire primitif et naïf. Alors c'est comme si luttes et vie en nous sont d'un seul coup gommées. Des millions d'yeux ont contemplé ce paysage et pour moi il est comme le premier sourire du monde. Il me met hors de moi au sens profond du mot. Il m'assure qu'hors de mon amour tout est inutile et que mon amour même, s'il n'est pas innocent et sans objet, n'a pas de valeur pour moi. Il me refuse une personnalité, et rend mes souffrances sans écho. Le monde est beau et tout est là. Sa grande vérité que patiemment il enseigne, c'est que l'esprit n'est rien ni le coeur même. Et que la pierre que le soleil chauffe, ou le cyprès que le ciel découvert agrandit, limitent le seul monde où "avoir raison " prend un sens: la nature sans hommes. Ce monde m'annihile. Il me porte jusqu'au bout. Il me nie sans colère. Et moi, consentant et vaincu, je m'achemine vers une sagesse où tout est déjà conquis - si des larmes ne me montaient aux yeux et si ce gros sanglot de poésie qui me gonfle le coeur ne me faisait oublier la vérité du monde.

---

13 sept. L'odeur de laurier qu'on rencontre à Fiesole au coin de chaque rue.

---

15 sept. Au cloître de San Francesco à Fiesole, une petite cour

« Des millions d'yeux ont contemplé ce paysage, et pour moi il est comme le premier sourire du monde. [...] Le monde est beau et tout est là. Sa grande vérité que patiemment il enseigne, c'est que l'esprit n'est rien ni le cœur même. Et que la pierre que le soleil chauffe, ou le cyprès que le ciel découvert agrandit, limitent le seul monde où "avoir raison" prend un sens : la nature sans hommes. »

CARNETS, 1937, OC II, P. 831.

2. Fiesole, septembre 1937 : « Des millions d'yeux ont contemplé ce paysage et pour moi il est comme le premier sourire du monde. » *Carnets*, dactyl. avec corr. ms

« Enfin Pise, vivante et austère, ses palais verts et jaunes, ses dômes et, au long de l'Arno sévère, sa grâce. Tout ce qu'il y a de noble dans ce refus de se livrer. Ville pudique et sensible. »

CARNETS, 1937, OC II, P. 828.

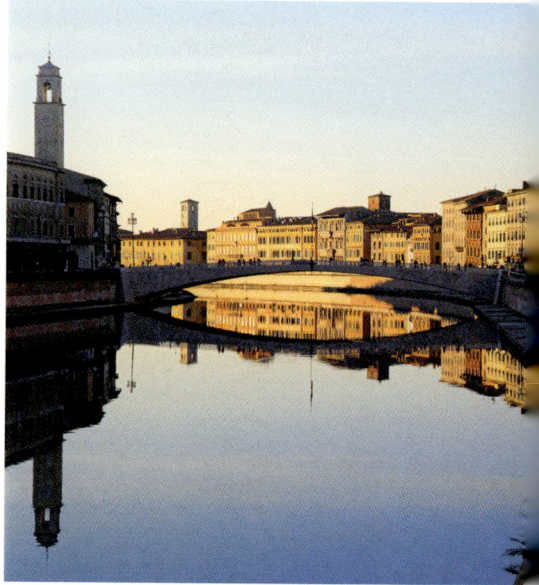

3. Ponte di Mezzo, sur l'Arno, à Pise.

« *Puis je monte sur la colline des Muses. Le soleil bas sur l'horizon n'est pas encore à ce moment où rouge, sa couleur le dessine parfaitement dans le ciel clair. Mais il n'est plus dans sa force, il dépérit et perd sa forme. De sa circonférence rompue s'échappe alors un miel subtil qui se répand dans tout le ciel, dore les collines et l'Acropole, et couvre d'une gloire suave et unique jusqu'aux cubes de la ville éparpillés aux quatre coins de l'horizon, jusqu'à la mer.* »
CARNETS, 1955, OC IV, P. 1222.

4. En Grèce, 1955.

5. L'acropole d'Athènes.

LES COLLINES DE LOURMARIN

Loin de Paris dont les vaines querelles l'épuisent, loin de l'Algérie d'où son métier l'a exilé, Albert Camus trouve à Lourmarin, où il finira par acheter une maison, une sérénité bénéfique à son œuvre. Il y séjourne de plus en plus souvent, non loin de la demeure de son ami René Char. Les fleurs dans le jardin, les collines du Luberon à l'horizon, les couleurs du crépuscule sont le décor de cette existence qu'il aimerait rendre monastique.

« Je suis fatigué de Paris et de la pègre qu'on y rencontre. Mon désir profond serait de regagner mon pays, l'Algérie, qui est un pays d'hommes, un vrai pays, rude, inoubliable. Mais pour des raisons très différentes ce n'est pas possible. Or le pays de France que je préfère est le vôtre, et plus précisément le pied du Luberon, la montagne de Lure, Lauris, Lourmarin, etc. »
LETTRE À RENÉ CHAR, 30 JUIN 1947.

1. René Char dans le Luberon, 1943.

2. À Lourmarin, entrée de la maison acquise par Albert Camus en 1958.

3. Paysage de Lourmarin, vu du château.

« Arrivée Lourmarin. Ciel gris. Dans le jardin merveilleuses roses alourdies d'eau, savoureuses comme des fruits. Les romarins sont en fleurs. Promenade et dans le soir le violet des iris fonce encore. Rompu. »
CARNETS, 1959, OC IV, P. 1296.

4. « Il n'y a plus de ligne droite ni de route éclairée avec un être qui nous a quittés ». René Char, « L'éternité à Lourmarin », 1960, ms.

5. Lourmarin, vue du village, photographie de Bernard Mahasela.

« Lourmarin. Premier soir après tant d'années. La première étoile au-dessus du Luberon, l'énorme silence, le cyprès dont l'extrémité frissonne au fond de ma fatigue. Pays solennel et austère – malgré sa beauté bouleversante. »

CARNETS, 1946, OC II, P. 1067.

6. Tombe d'Albert Camus au cimetière de Lourmarin, photographie de Bernard Mahasela.

LA COUR D'ÉCOLE, LE STADE, LA SCÈNE

Dans la cour de son école, où Albert Camus jouait au football avec ses camarades, il était le « roi ». Gardien de but de son équipe de cœur ou, quand la maladie l'éloigne des terrains, spectateur dans les tribunes, il éprouve ce même sentiment d'innocence que lui procurera toujours le théâtre. Sur la scène ou dans les coulisses, acteur ou metteur en scène, pendant les répétitions comme au moment de la représentation, il se croit au « paradis ».

Avec les mordus du football, il se précipitait dans la cour cimentée, encadrée sur les quatre côtés d'arcades à gros piliers (sous lesquelles les forts en thème et les sages se promenaient en bavardant), longée de quatre ou cinq bancs verts, plantée aussi de gros ficus protégés par des grilles de fer. Deux camps se partageaient la cour, les gardiens de but se plaçaient à chaque extrémité entre les piliers et une grosse balle de caoutchouc mousse était mise au centre. Point d'arbitre, et au premier coup de pied les cris et les courses commençaient. [...] courant éperdument, la balle au pied, pour éviter l'un après l'autre un arbre et un adversaire, il se sentait le roi de la cour et de la vie »

LE PREMIER HOMME, OC IV, P. 877.

1. Gardien de but au R.U.A., fin 1929.

2. *Le Premier homme*, ms.

« Il suffit d'annoncer qu'on est en répétition pour qu'aussitôt
un délicieux désert s'installe autour de vous.
Et quand on a l'astuce, comme je le fais, de répéter toute la journée,
et une partie de la nuit, là, franchement, c'est le paradis. »
« POURQUOI JE FAIS DU THÉÂTRE ? », OC IV, P. 605.

« Les communautés de bâtisseurs, les ateliers collectifs de peinture
à la Renaissance ont dû connaître cette sorte d'exaltation qu'éprouvent
ceux qui travaillent à un grand spectacle. »
« POURQUOI JE FAIS DU THÉÂTRE ? », OC IV, P. 607.

3. Avec Michel Auclair, lors des répétitions de *Caligula*, Festival d'Angers, 1957.

LE DÉSERT, LA MER

« Entreprendre la géographie d'un certain désert » (*Noces*). Ce désert est celui de l'Abyssinie où finit l'itinéraire de Rimbaud, celui vers lequel se tournent les hommes fatigués de l'agitation du monde, ou dont Janine, la « femme adultère », entend l'appel. « J'ai grandi dans la mer » (*L'Été*). La vie y est née, l'homme y retourne inlassablement, toutes voiles gonflées, « au plus près ».

« La Mer, divinité. Sur la terre primitive les pluies tombèrent pendant des siècles de manière ininterrompue. C'est dans la mer que la vie est née et pendant tout le temps immémorial qui a mené la vie de la première cellule à l'être marin organisé, le continent, sans vie animale ni végétale n'a été qu'un pays empli seulement du bruit de la pluie et du vent au milieu d'un silence énorme, parcouru d'aucun mouvement sinon l'ombre rapide des grands nuages et la course des eaux sur les bassins océaniens. Après des milliards d'années le premier être vivant sortit de la mer et prit pied sur la terre ferme. Il ressemblait à un scorpion. C'était il y a trois cent cinquante millions d'années. »

CARNETS, 1959, OC IV, P. 1303.

« Le soleil se couche quand nous nous trouvons presque au centre d'un cercle d'îles dont les couleurs commencent à changer. [...] C'est un étrange et vaste apaisement qui tombe alors sur les eaux. Bonheur enfin, bonheur tout près des larmes. Car je voudrais retenir contre moi, serrer cette joie inexprimable dont je sais pourtant qu'elle doit disparaître. »

« Le soleil se couche quand nous nous trouvons presque au centre d'un cercle d'îles dont les couleurs commencent à changer. [...] C'est un étrange et vaste apaisement qui tombe alors sur les eaux. Bonheur enfin, bonheur tout près des larmes. Car je voudrais retenir contre moi, serrer cette joie inexprimable dont je sais pourtant qu'elle doit disparaître. »

CARNETS, 1959, OC IV, p. 1229-1230.

1. Îles grecques. Photographie de François Le Diascorn.

« *Pressée de tout son ventre contre le parapet, tendue vers le ciel en mouvement, elle attendait seulement que son cœur encore bouleversé s'apaisât à son tour et que le silence se fît en elle. Les dernières étoiles des constellations laissèrent tomber leurs grappes un peu plus bas sur l'horizon du désert, et s'immobilisèrent. Alors, avec une douceur insupportable, l'eau de la nuit commença d'emplir Janine, submergea le froid, monta peu à peu du centre obscur de son être et déborda en flots ininterrompus jusqu'à sa bouche pleine de gémissements. L'instant d'après, le ciel entier s'étendait au-dessus d'elle, renversée sur la terre froide.* »

«LA FEMME ADULTÈRE», *L'EXIL ET LE ROYAUME*, OC IV, P. 18.

2. Photographie d'Henriette Grindat.

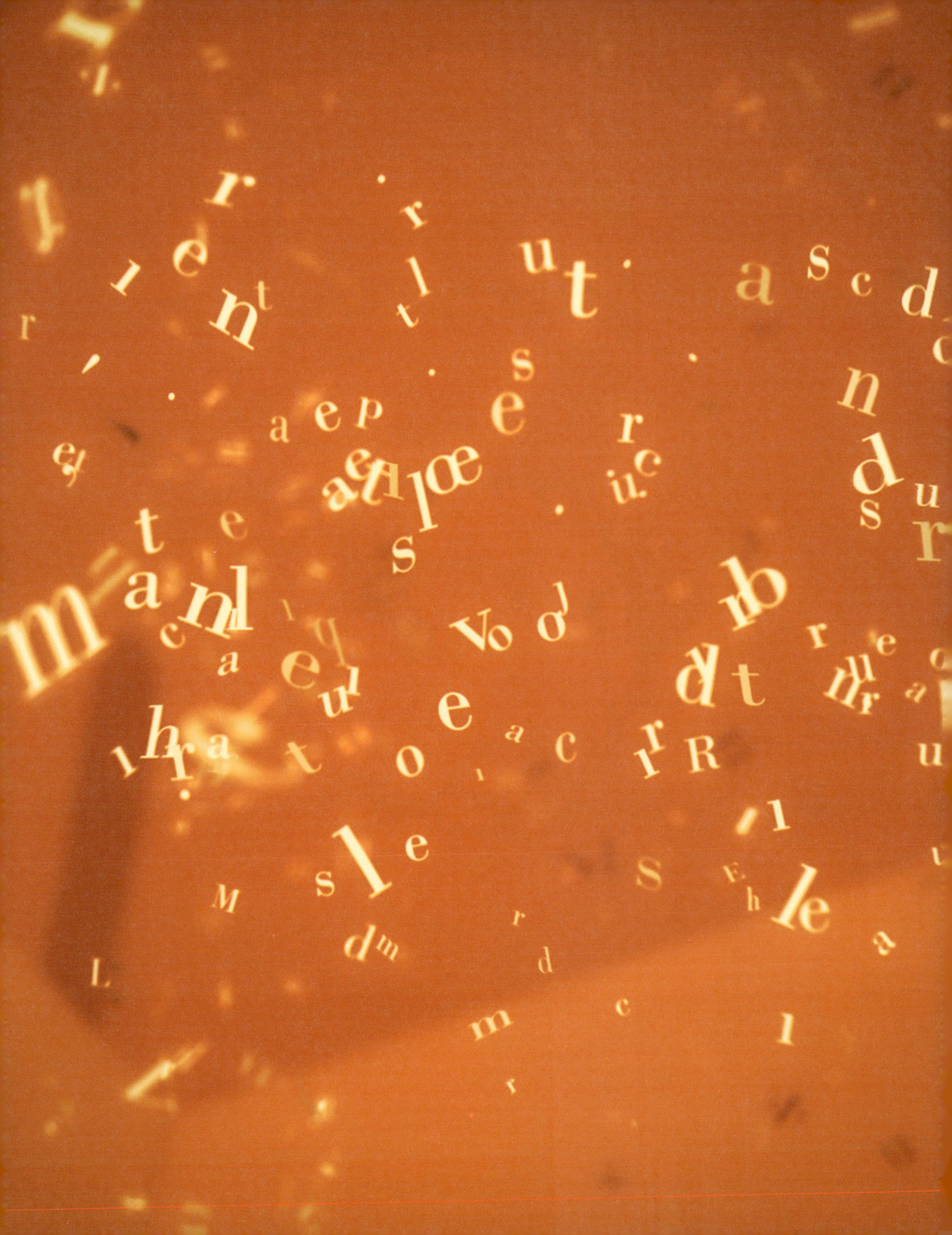

◆2 Amitié

- QUELQUES GRANDES AMITIÉS
- FRATERNITÉ
- LA COMMUNAUTÉ ALGÉRIENNE
- LA COMMUNAUTÉ DES PAUVRES
- UNE SOLIDARITÉ UNIVERSELLE
- POLÉMIQUES ET TRAHISONS
- FILIATIONS
- ADMIRATIONS
- SOLITAIRE ET SOLIDAIRE

Albert Camus et René Char,
L'Isle-sur-la-Sorgue, 1949.

> « Chance de vous avoir rencontré, il y a déjà des années, et que l'amitié ait pris entre nous cette force qui enjambe l'absence… »
>
> LETTRE D'ALBERT CAMUS À RENÉ CHAR, JANVIER 1954.

Tous les témoignages concordent : Albert Camus était fidèle en amitié. Ses correspondances – très émouvantes par les proximités qui s'y révèlent – montrent la sincérité et la profondeur de sentiments qu'il n'hésite pas à exprimer malgré sa pudeur naturelle, et qui se traduisent aussi en démarches pour aider l'ami, ou simplement lui faire plaisir. Avec des amis, il est heureux, et il arrive à préserver le temps de la rencontre, de la conversation – non sans une tension douloureuse avec le temps nécessaire à son œuvre.

L'amitié chez lui n'est jamais menacée par l'amour-propre, tant il sait admirer – et dire son admiration. En revanche, il est arrivé qu'elle prenne pour lui le goût amer de la rupture – voire de la trahison ; mais, quand il s'agit de rester fidèle à ses convictions profondes, il n'hésite pas, quelle que soit la souffrance.

Une empathie naturelle le rend proche de ceux avec qui il travaille ; la camaraderie n'est pas pour lui un vain mot. Ce mouvement d'empathie a également une portée plus vaste car, loin de vouloir se distinguer, Camus reconnaît et affirme ses diverses appartenances. Ce qui, dans *Le Premier Homme*, est une découverte pour Jacques Cormery, à savoir qu'il est de la tribu de ces anonymes que sont les petits-blancs d'Algérie, fait partie depuis longtemps de l'expérience profonde de Camus : par son origine, il est de la communauté algérienne et de la communauté des pauvres. Par son métier d'écrivain, il est de la grande famille des artistes et des penseurs, à l'égard desquels il sait reconnaître son héritage.

Plus largement, il est de la communauté humaine – en une solidarité dont le métier d'artiste renforce la conscience et les exigences

QUELQUES GRANDES AMITIÉS

L'amitié a beaucoup compté pour Albert Camus : il sait toujours trouver du temps pour ses amis, même quand il manque cruellement de temps pour son œuvre. Il a vécu quelques grandes amitiés, qu'il sait indéfectibles car nées d'un accord profond sur les valeurs essentielles.

« Plus je vieillis et plus je trouve qu'on ne peut vivre qu'avec les êtres qui vous libèrent, qui vous aiment d'une affection aussi légère à porter que forte à éprouver. La vie d'aujourd'hui est trop dure, trop amère, trop anémiante, pour qu'on subisse encore de nouvelles servitudes, venues de qui on aime. À la fin, on mourrait de chagrin, littéralement. Et il faut que nous vivions, que nous trouvions les mots, l'élan, la réflexion qui fondent une joie, la joie. Mais c'est ainsi que je suis votre ami, j'aime votre bonheur, votre liberté, votre aventure en un mot, et je voudrais être pour vous le compagnon dont on est sûr, toujours. »

LETTRE À RENÉ CHAR, 17 SEPTEMBRE 1957, P. 163.

« T'ai-je dit que je suis allé à Lourmarin. Trois jours, et je marchais sur ces collines et dans cette lumière avec tant d'allégresse ! J'y ai tout oublié. Il faudra que nous y allions ensemble, non ? Je ne me sens content, et accompli, que dans une certaine lumière. Ce qui me poursuit et me dessèche, c'est l'époque. C'est elle qui m'empêche d'avoir la conscience tranquille et d'aller jusqu'au bout de ma force. Mais il faudra bien régler cette question. Parce qu'après tout, il y a la lumière, la passion, la sainteté, les chats, l'amitié, toutes choses qui ne sont pas dans l'histoire et qui sont aussi vraies que le reste. »

LETTRE À LOUIS GUILLOUX, 24 OCTOBRE 1946.

1. Albert Camus et Louis Guilloux en 1947 à Saint-Brieuc.

2. Carte postale de René Char à Albert Camus, 28 avril 1953.

3. René Leynaud, journaliste et poète résistant fusillé en 1944 par les Allemands, ami lyonnais d'Albert Camus pendant l'Occupation.

« La vérité a besoin de témoins. Leynaud était l'un d'eux et c'est pourquoi il me manque aujourd'hui. Avec lui, j'y voyais plus clair et sa mort, loin de me rendre meilleur, comme il est dit dans les livres consolants, a rendu ma révolte plus aveugle. Ce que je puis dire de plus élevé en sa faveur, c'est qu'il ne m'aurait pas suivi dans cette révolte. Mais on ne fait pas du bien aux hommes en tuant leurs amis, je le sais maintenant de reste. Et qui donc pourra jamais justifier cette terrible mort ? Que sont le devoir, la vertu, les honneurs auprès de ce qu'il y avait d'irremplaçable dans Leynaud ? Oui, que sont-ils sinon les pauvres alibis de ceux qui restent en vie ? »

«INTRODUCTION AUX POÉSIES POSTHUMES DE RENÉ LEYNAUD», 1947, OC II, P. 710-711.

4. « Merci, chère Jeanne. J'aime les fleurs : c'est le côté féminin de ma nature. » Lettre d'Albert Camus à Jeanne Gallimard, épouse de Gaston Gallimard, ms. Une correspondance témoignant des liens entre Camus et la famille Gallimard.

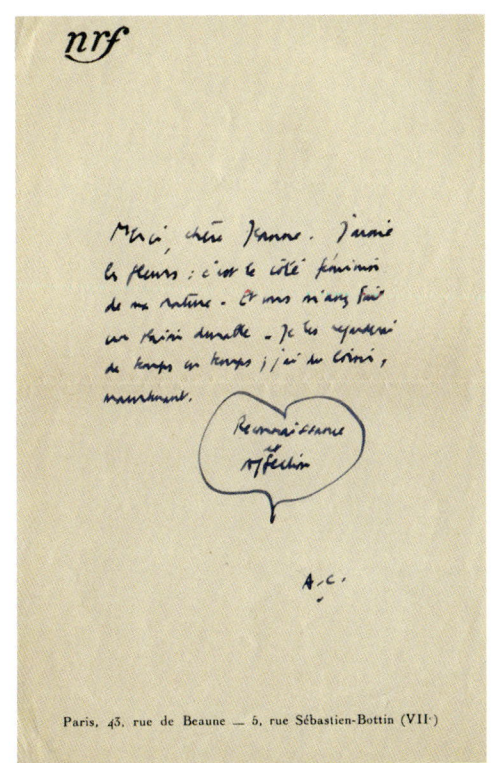

5. Avec Michel Gallimard, son ami et éditeur.

FRATERNITÉ

Pour Albert Camus, l'amitié peut naître d'une fraternité concrètement vécue. Il est fidèle à ses amis de jeunesse et aux êtres généreux qu'il rencontre, si différents de lui soient-ils. Même avec ceux qu'il n'a fait que côtoyer, il a une conscience aiguë d'avoir quelque chose en commun, qui lui permet de les rejoindre.

1. Camping en Kabylie avec ses amis Robert et Madeleine Jaussaud, vers 1937.

« Jeune, je demandais aux êtres plus qu'ils ne pouvaient donner : une amitié continuelle, une émotion permanente.
Je sais leur demander maintenant moins qu'ils peuvent donner : une compagnie sans phrases. Et leurs émotions, leur amitié, leurs gestes nobles gardent à mes yeux leur valeur entière de miracle : un entier effet de la grâce. »

APPENDICES DU *PREMIER HOMME*, OC IV, P. 919-920.

« *Quand je serai vieux je voudrais qu'il me soit donné de revenir sur cette route de Sienne que rien n'égale au monde, et d'y mourir dans un fossé, entouré de la seule bonté de ces Italiens inconnus que j'aime.* »

CARNETS, AOÛT 1955, OC IV, P. 1239.

2. Balthus, « Paysage d'Italie ».
Le peintre fut un ami d'Albert Camus, à qui ce tableau a appartenu.

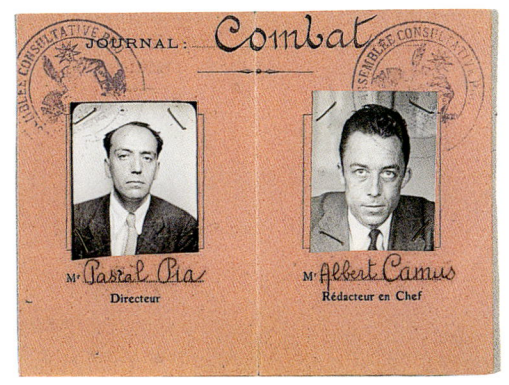

3. Carte de journaliste à *Combat* d'Albert Camus et de son ami Pascal Pia.

« *J'ai relu moi aussi ce premier éditorial [de* Combat*] non sans tristesse vous pouvez m'en croire. Nous l'avons signé ensemble par notre travail, notre lutte, et nos espoirs communs. Mais nous étions désarmés puisque nous étions honnêtes.* »

À ALBERT CAMUS, SES AMIS DU LIVRE, LETTRE D'ALBERT CAMUS À TOURATIER.

4. Camus participe à partir de 1943 à *Combat* clandestin, journal de la Résistance ; quand *Combat* sort de la clandestinité, il en est le rédacteur en chef jusqu'en 1947.

5. Témoignages d'amitié des ouvriers du Livre après la mort accidentelle d'Albert Camus, 1962.

LA COMMUNAUTÉ ALGÉRIENNE

« *La fameuse communauté algérienne, il y a vingt ans que nous autres écrivains algériens, arabes et français, l'avons créée, jour après jour, entre nous.* »
«NOTRE AMI ROBLÈS», 1959, OC IV, P. 617.

Albert Camus se sent « algérien » : il est de plain-pied avec les Européens d'Algérie, ceux qu'il a côtoyés pendant son enfance et dont il parle souvent ; même vivant en métropole, il garde aussi des liens avec des « indigènes » d'Algérie. Il rêve d'une Algérie pluri-ethnique et pluri-religieuse. Il a une conscience très forte d'appartenir à la communauté des écrivains d'Algérie, quelle que soit leur origine.

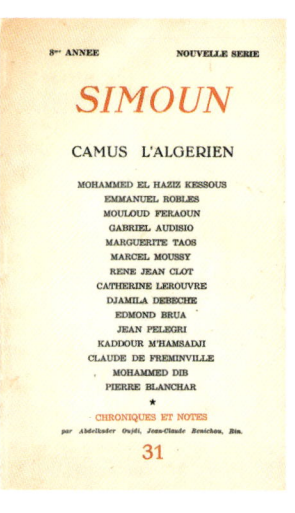

1. Numéro spécial de la revue oranaise *Simoun*, « Camus l'Algérien », 1960. Des écrivains algériens rendent hommage à leur ami.

2. Avec l'écrivain kabyle Mouloud Feraoun, avec lequel Camus entretient une correspondance à partir de 1951.

« *Tous les jeunes écrivains algériens sont mes amis. [...] quand je dis "écrivains algériens", j'entends bien, aussi bien écrivains arabes que français ! [...] c'est la communauté des écrivains de langue française algériens, lesquels comportent aussi bien les écrivains [...] — comme Roblès ou comme Jules Roy du côté français — que des écrivains arabes ou berbères — comme Feraoun, Dib ou Mammeri —, et, même à l'heure actuelle, ces écrivains sont liés tout en éprouvant douloureusement les séparations et les divorces qui règnent dans leur pays, liés par des sentiments d'amitié et de solidarité qui sont parmi les rares consolations de l'heure présente !* »
CONFÉRENCE DE PRESSE À STOCKHOLM, LE 9 DÉCEMBRE 1957, OC IV, P. 279-280.

3. « les hommes de chez nous parviendront à construire ce monde fraternel que vous avez toujours cru possible. » Lettre de Mouloud Feraoun à Albert Camus, 30 novembre 1957.

« *Et pourtant, vous et moi, qui nous ressemblons tant, de même culture, partageant le même espoir, fraternels depuis si longtemps, unis dans l'amour que nous portons à notre terre, nous savons que nous ne sommes pas des ennemis et que nous pourrions vivre heureusement, ensemble, sur cette terre qui est la nôtre. Car elle est la nôtre et je ne peux pas plus l'imaginer sans vous et vos frères que sans doute vous ne pouvez la séparer de moi et de ceux qui me ressemblent.* »

« LETTRE À UN MILITANT ALGÉRIEN »,
1ER OCTOBRE 1955, OC IV, P. 352-353.

4. Enfant d'Algérie, photographie de Léon Herschtritt.

5. Premier numéro de *Communauté algérienne*, 1er octobre 1955. Le journal, fondé par Mohammed-el-Aziz Kessous, un des libéraux arabes qui militent pour une Algérie future ouverte à toutes les communautés, ne paraît que jusqu'en août 1956. Camus, qui connaît Kessous, lui envoie cette lettre de soutien, reprise en 1958 dans *Chroniques algériennes* (« Lettre à un militant algérien »).

6. Albert Camus, « Trêve pour les civils », *L'Express*, 10 janvier 1956. À l'invitation de ses amis libéraux d'Algérie, Camus lancera à Alger, le 22 janvier 1956, un « Appel pour une trêve civile en Algérie ».

LA COMMUNAUTÉ DES PAUVRES

Albert Camus n'a jamais oublié le « monde des pauvres », chaleureux et digne, dont il est issu. C'est une marque indélébile, qui le rapproche de ceux qui ont la même origine. En tant qu'écrivain, il a la responsabilité de témoigner pour cette « tribu » des petits-blancs d'Algérie descendants des migrants pauvres venus d'Europe au XIXe siècle – et, plus largement, pour les pauvres, anonymes et dépossédés de tout, même de leur propre vie, comme l'ont été son père et sa mère.

« [Jacques] venait par ce succès d'être arraché au monde innocent et chaleureux des pauvres, monde refermé sur lui-même comme une île dans la société mais où la misère tient lieu de famille et de solidarité… »

LE PREMIER HOMME, OC IV, P. 849.

1. Le quartier de Belcourt à Alger, tableau du peintre algérien Hacène Benaboura (1898-1960).

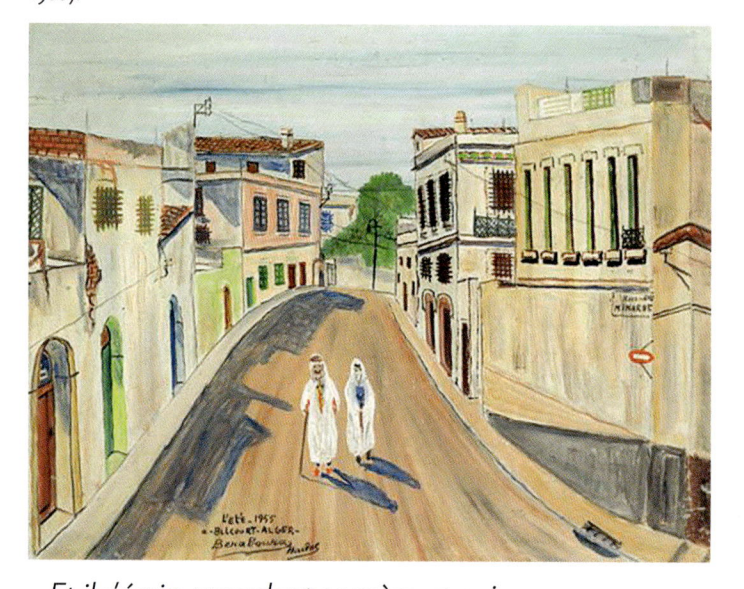

2. La casbah d'Alger.

« Et il s'écria, regardant sa mère, et puis les autres : "Rendez la terre. Donnez toute la terre aux pauvres, à ceux qui n'ont rien et qui sont si pauvres qu'ils n'ont même jamais désiré avoir et posséder, à ceux qui sont comme elle dans ce pays, l'immense troupe des misérables, la plupart arabes, et quelques-uns français et qui vivent ou survivent ici par obstination et endurance, dans le seul honneur qui vaille au monde, celui des pauvres, donnez-leur la terre comme on donne ce qui est sacré à ceux qui sont sacrés et moi alors, pauvre à nouveau, et enfin, jeté dans le pire exil à la pointe du monde je sourirai et mourrai content sachant que sont enfin réunis sous le soleil de ma naissance la terre que j'ai tant aimée et ceux et celle que j'ai révérés. »

APPENDICES DU PREMIER HOMME, OC IV, P. 944-945.

3. « Comment s'étonner alors si le visage de ce pays, je ne l'aime jamais plus qu'au milieu de ses hommes les plus pauvres. » « L'Été à Alger », *Noces*, 1939, ms.

UNE SOLIDARITÉ UNIVERSELLE

« Les hommes ne se ressemblent pas, il est vrai, et je sais bien quelle profondeur de traditions me sépare d'un Africain ou d'un musulman. Mais je sais bien aussi ce qui m'unit à eux et qu'il est quelque chose en chacun d'eux que je ne puis mépriser sans me ravaler moi-même. »

COMBAT, 10 MAI 1947, OC II, P. 431.

Tout homme, qu'il le veuille ou non, est solidaire de tous les autres hommes, avec qui il partage une même condition – faite d'absurde, de douleur et de joie. Pour Albert Camus, cette solidarité de fait impose à l'artiste une responsabilité toute particulière vis-à-vis de ceux qui souffrent, sont opprimés, n'ont pas leur mot à dire, sont les oubliés de l'histoire, tout en étant écrasés par elle.

1. « L'Artiste et son temps », conférence prononcée à Upsal (Suède) le 14 décembre 1957, après la remise du Prix Nobel de littérature, dactyl. avec corr. ms.

« Nous pensons toujours que notre lutte est la leur et que nous ne pouvons être ni heureux ni libres, tant que l'Espagne sera meurtrie et asservie. »

COMBAT, 5 OCTOBRE 1944, OC II, P. 541.

« Au milieu de ce vacarme, l'écrivain ne peut plus espérer se tenir à l'écart pour poursuivre les réflexions et les images qui lui sont chères. Jusqu'à présent, et tant bien que mal, l'abstention a toujours été possible dans l'histoire. Celui qui n'approuvait pas, il pouvait souvent se taire, ou parler d'autre chose. Aujourd'hui, tout est changé, le silence même prend un sens redoutable. À partir du moment où l'abstention elle-même est considérée comme un choix, puni ou loué comme tel, l'artiste, qu'il le veuille ou non, est embarqué. Embarqué me paraît ici plus juste qu'engagé. Il ne s'agit pas en effet pour l'artiste d'un engagement volontaire, mais plutôt d'un service militaire obligatoire. Tout artiste aujourd'hui est embarqué dans la galère de son temps. »

«CONFÉRENCE D'UPSAL», 14 DÉCEMBRE 1957, OC IV, P. 247.

POLÉMIQUES ET TRAHISONS

Les vrais amis ne trahissent pas, même s'il leur arrive de décevoir. Mais des compagnons d'un moment peuvent se retourner. Albert Camus a beaucoup souffert du discrédit jeté sur lui par d'anciens compagnons de lutte – en l'absence de tout dialogue sur des positions idéologiques divergentes. Lui-même craint de trahir en n'étant pas à la hauteur des attentes des amis.

1. Brouillon de la lettre d'Albert Camus à Jean-Paul Sartre, directeur des *Temps modernes*, en réponse à l'article de Francis Jeanson, « Albert Camus ou l'âme révoltée », violente critique de *L'Homme révolté* parue dans la revue en mai 1952. Cette lettre sera publiée dans le numéro d'août. Ms.

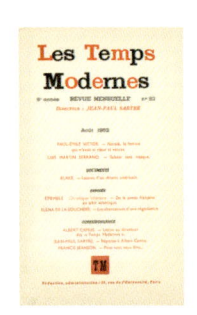

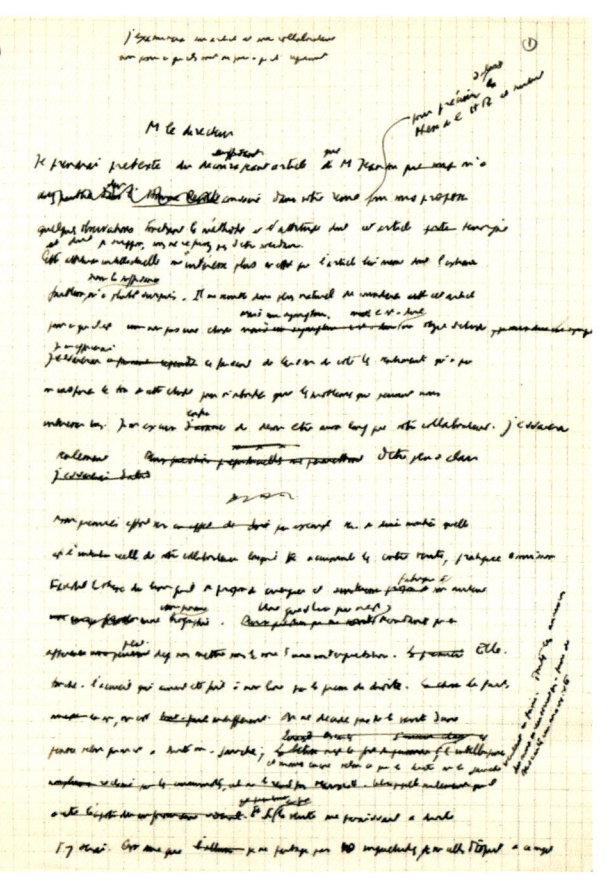

« *Polémique T[emps] M[odernes]* — Coquineries. Leur seule excuse est dans la terrible époque. Quelque chose en eux, pour finir, aspire à la servitude. Ils ont rêvé d'y aller par quelque noble chemin, plein de pensées. Mais il n'y a pas de voie royale vers la servitude. Il y a la tricherie, l'insulte, la dénonciation du frère. Après quoi, l'air des trente deniers. »

CARNETS, 1952, OC IV, P. 1147.

2. *Les Temps modernes*, août 1952.

3. Coupure de presse sur la querelle Sartre/Camus, *Arts*, n° 376, septembre 1952.

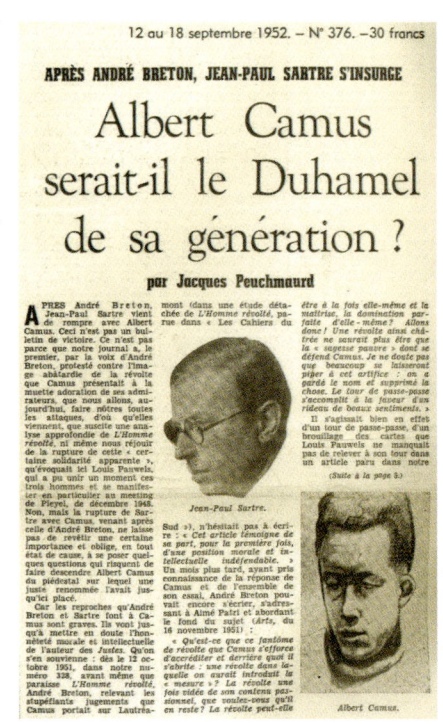

« *Existentialisme. Quand ils s'accusent on peut être sûr que c'est toujours pour accabler les autres. Des juges pénitents.* »

CARNETS, 1954, OC IV, P. 1212.

« Existentialisme.
Quand ils s'accusent
on peut être sûr que
c'est toujours pour
accabler les autres.
Des juges pénitents. »

CARNETS 1954, OC IV P 1212.

4. Jean-Paul Sartre écoute Albert Camus. Meeting pour l'Espagne, Salle Wagram, 22 février 1952.

5. « Je dois d'abord m'excuser de me mêler à une conversation à laquelle vous n'avez pas eu l'idée de m'inviter. » Brouillon de la lettre d'Albert Camus au rédacteur en chef de la revue *Arts*, publiée le 23 novembre 1951. Camus répond aux critiques d'André Breton sur *L'Homme révolté*.

> « Il y a là une casuistique du sang
> où un intellectuel, me semble-t-il, n'a que faire,
> à moins de prendre les armes lui-même.
> Lorsque la violence répond à la violence dans un délire
> qui s'exaspère et rend impossible le simple langage
> de raison, le rôle des intellectuels ne peut être, comme
> on le lit tous les jours, d'excuser de loin l'une des violences
> et de condamner l'autre, ce qui a pour double effet
> d'indigner jusqu'à la fureur le violent condamné
> et d'encourager à plus de violence le violent innocenté.
> S'ils ne rejoignent pas les combattants eux-mêmes,
> leur rôle (plus obscur, à coup sûr!) doit être seulement
> de travailler dans le sens de l'apaisement
> pour que la raison retrouve ses chances. »
>
> « AVANT-PROPOS DE *CHRONIQUES ALGÉRIENNES* », OC IV, P. 300.

6. Note d'Albert Camus à propos de *L'Homme révolté*, ms: « Je ne m'attendais certainement pas à ce que mon livre me valût un concert de compliments. Mais il est vrai aussi que je ne m'attendais pas à ce qu'il me valût d'être insulté. »

1. Chez Albert Camus. Portrait de Tolstoï.

FILIATIONS

Albert Camus reconnaît volontiers le rôle joué dans sa vie par ceux qui lui ont ouvert le monde, aussi bien celui de la réalité (présente et passée) que celui de la pensée et de la littérature. Aux vivants, il dit explicitement cette dette et sa reconnaissance. Il apprend son métier d'écrivain et de penseur auprès de grands aînés qui sont pour lui des exemples et aussi des aiguillons.

2. « Dostoïevski », *Témoins*, n° 18-19, automne-hiver 1957-1958, brouillon ms.

3. Portrait de Dostoïevski dans le programme des *Possédés*, adaptation d'Albert Camus, Théâtre Antoine, 1959.

« J'ai d'abord admiré Dostoïevski à cause de ce qu'il me révélait de la nature humaine. Révéler est le mot. Car il nous apprend seulement ce que nous savons, mais que nous refusons de reconnaître. De plus il satisfaisait chez moi un goût assez complaisant de la lucidité pour elle-même. Mais très vite, à mesure que je vivais plus cruellement le drame de mon époque, j'ai aimé dans Dostoïevski celui qui a vécu et exprimé le plus profondément notre destin historique. »

« POUR DOSTOÏEVSKI », OC IV, P. 590.

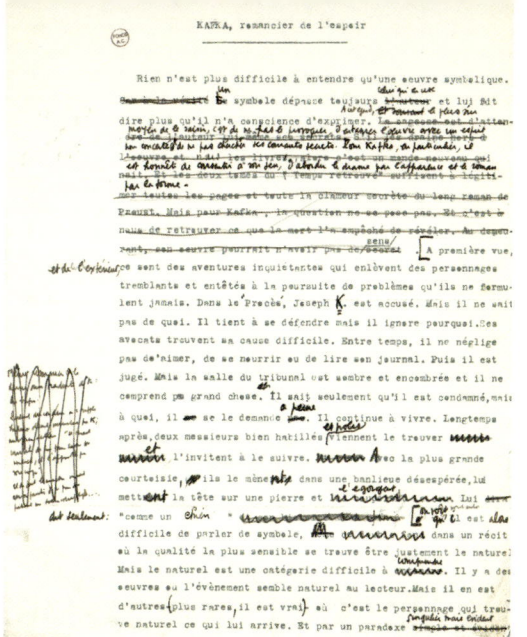

« On dit que Nietzsche, après la rupture avec Lou, entré dans une solitude définitive, se promenait la nuit dans les montagnes qui dominent le golfe de Gênes et y allumait d'immenses feux qu'il regardait se consumer. J'ai souvent pensé à ces feux et leur lueur a dansé derrière toute ma vie intellectuelle. Si même il m'est arrivé d'être injuste envers certaines pensées et envers certains hommes, que j'ai rencontrés dans le siècle, c'est que je les ai mis sans le vouloir en face de ces incendies et qu'ils s'en sont aussitôt trouvés réduits en cendres. »

CARNETS, 1953, OC IV, P. 1180.

« À l'époque où je découvris Les Îles, je voulais écrire, je crois. Mais je n'ai vraiment décidé de le faire qu'après cette lecture. D'autres livres ont contribué à cette décision. Leur rôle achevé, je les ai oubliés. Celui-ci, au contraire, n'a pas cessé de vivre en moi, depuis plus de vingt ans que je le lis. Aujourd'hui encore, il m'arrive d'écrire ou de dire, comme si elles étaient miennes, des phrases qui se trouvent pourtant dans Les Îles ou dans les autres livres de son auteur. Je ne m'en désole pas. J'admire seulement ma chance, à moi qui, plus que quiconque, avais besoin de m'incliner, de m'être trouvé un maître, au moment qu'il fallait, et d'avoir pu continuer à l'aimer et à l'admirer à travers les années et les œuvres. »

PRÉFACE AUX ÎLES DE JEAN GRENIER, OC IV, P. 623.

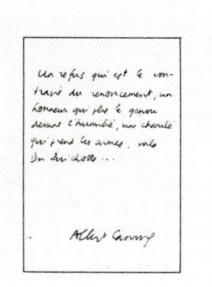

4. Photographie de Friedrich Nietzsche dans le bureau d'Albert Camus. Au dos de la photographie, Camus a noté : « Une photo de Nietzsche fou… elle est devant moi souvent et pourtant je trouve qu'elle donne du courage. »

5. Chapitre du Mythe de Sisyphe sur Franz Kafka, non retenu dans l'édition originale de l'essai (1942) pour des raisons de censure. Ce texte paraît à l'été 1943 dans L'Arbalète, revue lyonnaise clandestine. Dactyl avec corr. ms.

6. « Don Quichotte discutant avec un inconnu. » Illustration de Louis Bénisti, 1947.

7. Définition de Don Quichotte par Albert Camus collectée par Angel Maria Ortiz en 1958 pour achever sa collection d'opinions autographes sur le héros de Cervantès.

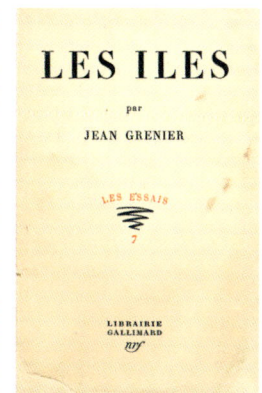

8. Albert Camus et Jean Grenier à Saint-Brieuc, chez Louis Guilloux, en 1947. Jean Grenier a été le professeur de philosophie d'Albert Camus à Alger ; il a joué un rôle décisif dans sa formation intellectuelle.

9. Jean Grenier, Les Îles, Gallimard [1933], réed. 1959 avec une préface d'Albert Camus.

ADMIRATIONS

Amoureux de la beauté, sous toutes ses formes, Albert Camus admire éperdument les peintres, architectes, musiciens, sculpteurs – qui aident à vivre parce qu'ils ont donné forme à leurs rêves. Il ne cesse de s'interroger sur le mystère de la création qui a fait d'eux les grands artistes qu'ils sont.

1. Liste des localisations des œuvres de Piero della Francesca, établie par Albert Camus, ms.

2. *Le Songe de Constantin* de Piero della Francesca, église San Francesco d'Arezzo (Italie), vers 1452.

« Les grands créateurs sont ceux qui, comme Piero della Francesca, donnent l'impression que la fixation vient de se faire, l'appareil de projection de s'arrêter net. Tous leurs personnages donnent alors l'impression que, par le miracle de l'art, ils continuent d'être vivants, en cessant cependant d'être périssables. »

« RÉVOLTE ET ART », *L'HOMME RÉVOLTÉ*, OC III, P. 281.

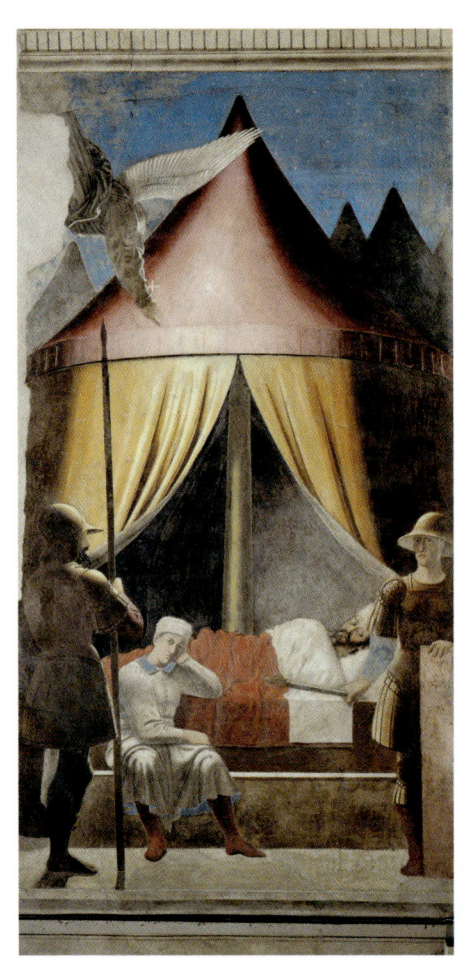

« Ce qu'une peinture demande, c'est une longue et muette entente, presque une liaison amoureuse. Ce qui fait qu'au vrai, à peine connaissons-nous quelques tableaux, ceux avec lesquels nous avons vécu. »

« SALON DES ORIENTALISTES », *ALGER-ÉTUDIANT*, OC I, P. 554.

« Il y a dans son art [celui du sculpteur Marcel Damboise] ce que j'aime à trouver dans la sculpture : un "Noli me tangere" un peu fier, énigmatique aussi. [...] Cet art [...] on s'y repose et se calme, sans s'abandonner. C'est ce qu'on aime à trouver dans la sculpture qui reste probablement l'art d'affirmer. »

«LES ABD-EL-TIF», *ALGER-ÉTUDIANT*, OC I, P. 562.

« Le plus grand et le plus ambitieux de tous les arts, la sculpture, s'acharne à fixer dans les trois dimensions la figure fuyante de l'homme, à ramener le désordre des gestes à l'unité du grand style. [...] elle érige, au fronton des cités tumultueuses, le modèle, le type, l'immobile perfection qui apaisera, pour un moment, l'incessante fièvre des hommes. L'amant frustré de l'amour pourra tourner enfin autour des corés grecques pour se saisir de ce qui, dans le corps et le visage de la femme, survit à toute dégradation. »

«RÉVOLTE ET ART», *L'HOMME RÉVOLTÉ*, OC III, P. 281.

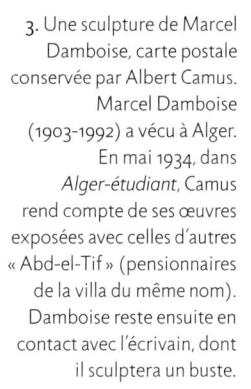

3. Une sculpture de Marcel Damboise, carte postale conservée par Albert Camus. Marcel Damboise (1903-1992) a vécu à Alger. En mai 1934, dans *Alger-étudiant*, Camus rend compte de ses œuvres exposées avec celles d'autres « Abd-el-Tif » (pensionnaires de la villa du même nom). Damboise reste ensuite en contact avec l'écrivain, dont il sculptera un buste.

4. Une korê du musée d'Athènes.

5. « Balthus », préface au catalogue de l'exposition « Balthus » à la Pierre Matisse Gallery, New York, 1949, ms

SOLITAIRE ET SOLIDAIRE

Être fidèle à la fois à la beauté et aux humiliés n'est pas simple : la création exige la solitude et l'engagement aux côtés des humiliés exige la présence aux autres. Albert Camus dit bien, dans ses « Discours de Suède », le dilemme de Jonas (*L'Exil et le Royaume*) qui est celui de tout véritable artiste dans le rapport tendu qu'il entretient avec son temps.

1. Albert Camus, « Jonas ou l'artiste au travail », *L'Exil et le Royaume* (1957), fin de la nouvelle, dactyl. avec corr. ms.

« "Ce n'est rien, déclarait un peu plus tard le médecin qu'on avait appelé. Il travaille trop. Dans une semaine, il sera debout.
— Il guérira, vous en êtes sûr ? disait Louise, le visage défait.
— Il guérira." Dans l'autre pièce, Rateau regardait la toile, entièrement blanche, au centre de laquelle Jonas avait seulement écrit, en très petits caractères, un mot qu'on pouvait déchiffrer, mais dont on ne savait s'il fallait y lire solitaire ou solidaire. »

«JONAS OU L'ARTISTE AU TRAVAIL», OC IV, P. 82-83.

Albert Camus — Amitié

« Je n'ai jamais pu renoncer
à la lumière, au bonheur d'être,
à la vie libre où j'ai grandi.
Mais bien que cette nostalgie
explique beaucoup de mes erreurs
et de mes fautes, elle m'a aidé
sans doute à mieux comprendre
mon métier, elle m'aide encore
à me tenir, aveuglément, auprès
de tous ces hommes silencieux
qui ne supportent dans le monde
la vie qui leur est faite que par
le souvenir ou le retour de brefs
et libres bonheurs. »

« DISCOURS DE STOCKHOLM », OC IV, P. 242.

2. Albert Camus
en 1947.

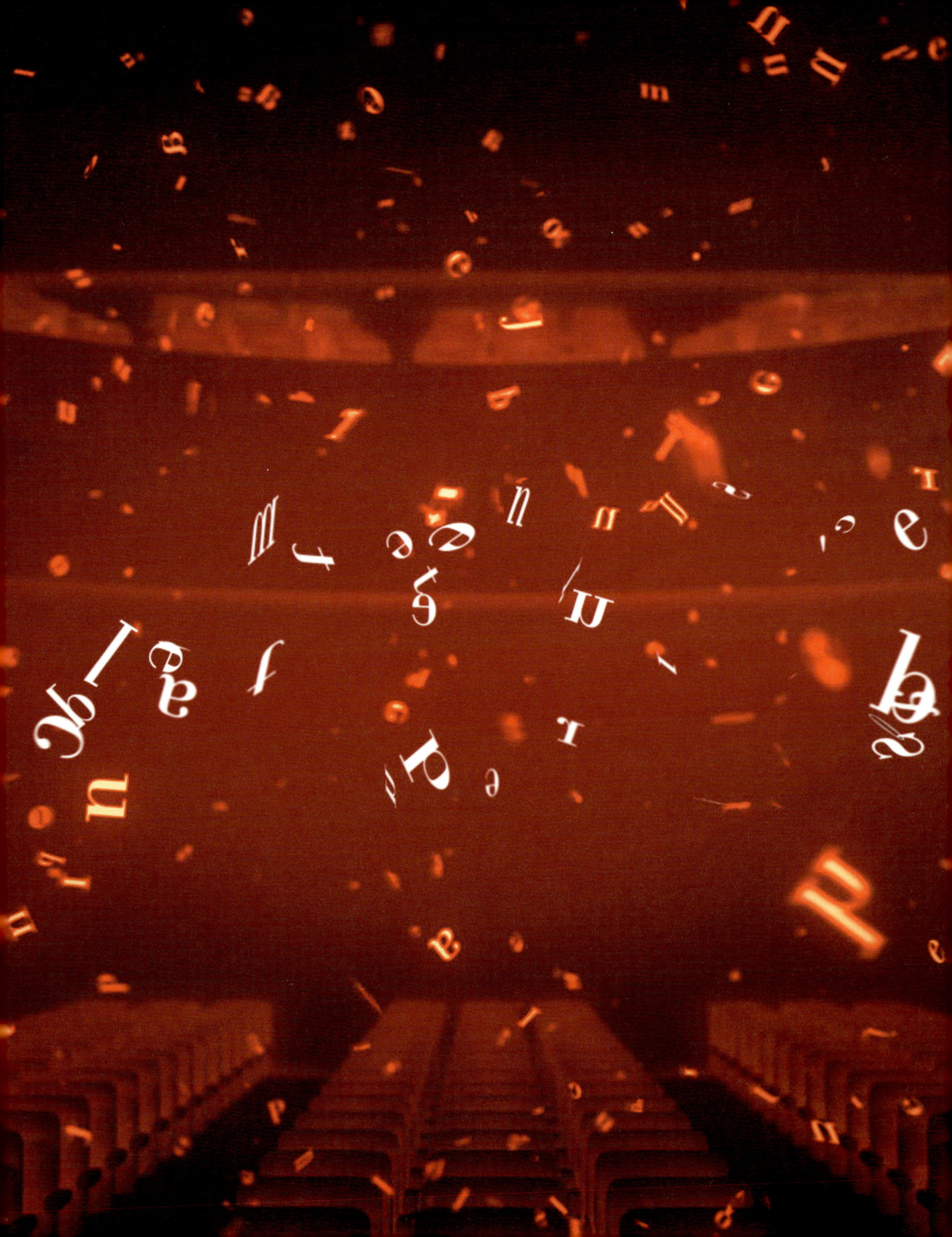

◆3 Métier

- FAIRE SON MÉTIER
- DES HOMMES AU TRAVAIL
- LE TRAVAIL ABRUTISSANT
- LES MÉTIERS DE LA JUSTICE
- ENSEIGNANT ET JOURNALISTE
- LES MÉTIERS DU THÉÂTRE
- ÉCRIVAIN ET ARTISTE
- LE MÉTIER D'HOMME

1. Séance de signature à la suite de l'attribution du prix Nobel de Littérature, 1957.

> « N'est-ce pas alors le véritable effort d'une nation de faire que le plus possible de ses citoyens aient le riche sentiment de faire leur vrai métier, et d'être utiles à la place où ils sont ? »
>
> « LE MÉTIER D'HOMME », *L'EXPRESS*, MAI 1955, OC III, P. 1016.

Dès son enfance dans le quartier pauvre de Belcourt à Alger, Albert Camus a observé de près des travailleurs manuels, par exemple ceux de l'atelier de tonnellerie où travaillait son oncle. Pendant toute sa vie, il a aimé et recherché le versant concret des métiers qu'il exerçait ; et ceux-ci ont été très divers, depuis les « petits boulots » de sa vie étudiante (répétiteur, employé de bureau, préposé au service de la météorologie) jusqu'aux métiers du théâtre (metteur en scène, comédien, directeur de troupe, auteur, adaptateur) et à ceux du journalisme (reporter, chroniqueur littéraire, éditorialiste, rédacteur en chef). Même après avoir acquis la notoriété littéraire, il a conservé son métier de lecteur et de directeur de collection chez Gallimard, garantie de son indépendance par rapport à l'écriture. Mais celle-ci relève elle aussi d'un métier : l'artiste reste un artisan ; et, même si Camus ne dédaigne pas le terme de « vocation », il parle de la création artistique comme d'un métier, refusant ainsi de faire de l'artiste un homme à part.

La première exigence est celle du travail bien fait : le geste ou le mot doit être précis ; la justesse est de rigueur. Au-delà, l'exercice d'un métier est gouverné par une éthique – qui se décline en déontologie, surtout s'agissant du journalisme. La question de la responsabilité est primordiale et sans cesse présente, surtout quand on est devenu un homme public ; responsable devant son temps, l'écrivain doit exercer son métier au cœur de la tension entre solitude et solidarité.

Le vrai métier est celui qui suscite fierté et plaisir chez celui qui l'exerce ; et ce plaisir tient, pour l'essentiel, à la double dimension concrète et collective de ce métier – ce qui fait souvent verser l'écriture du côté de l'ascèse. Le vrai métier est « un métier d'homme », c'est-à-dire exercé par l'homme (loin de l'aliénation du travail abrutissant) et pour l'homme. Mais, finalement, être un homme est en soi un métier – lui aussi soumis à une éthique de la responsabilité, lui aussi source de plaisir : « le métier d'homme » est exigeant puisqu'il s'agit de rien moins que d'être heureux.

FAIRE SON MÉTIER

Le mot « métier » est familier à Albert Camus. Pour lui, il est essentiel à l'homme d'avoir un métier, de pouvoir l'aimer et l'exercer en se sentant utile : il y trouve alors son épanouissement et l'un des lieux majeurs où se fonde sa morale.

« "Qu'est-ce que l'honnêteté ? dit Rambert, d'un air soudain sérieux.
— Je ne sais pas ce qu'elle est en général. Mais dans mon cas, je sais qu'elle consiste à faire mon métier." »

LA PESTE, OC II, P. 147

1. Aquarelle d'Edy Legrand pour l'édition illustrée de *La Peste*, 1950 (Gallimard).

« Je n'ai jamais été heureux, je le sais, ni pacifié, que dans un métier digne de foi, un travail mené au milieu d'hommes que je puisse aimer. Je sais aussi que beaucoup, sur ce point, me ressemblent. Sans travail, toute vie pourrit. Mais sous un travail sans âme, la vie étouffe, et meurt. »

« LE MÉTIER D'HOMME », *L'EXPRESS*, MAI 1955, OC III, P. 1016.

2. Au marbre de *L'Express*, avec Georges Roy, typographe ayant aussi travaillé avec Camus à *Combat*.

DES HOMMES AU TRAVAIL

Dès son enfance, Albert Camus a pu observer les ouvriers dans la tonnellerie où travaillait son oncle. Toute sa vie, il a porté sur les gestes des travailleurs un regard intense et tendre à la fois. La qualité de ce regard dit clairement la noblesse que revêt pour lui le travail manuel, quand les conditions n'en sont pas aliénantes.

1. Dockers, vers 1935. Photographie de Gaston Paris.

2. Albert Camus, enfant (au premier rang, quatrième en partant de la droite), entouré des ouvriers de la tonnellerie algéroise où travaille son oncle Étienne Sintès.

« Que peuvent faire des tonneliers quand la tonnellerie disparaît ? On ne change pas de métier quand on a pris la peine d'en apprendre un ; celui-là était difficile, il demandait un long apprentissage. Le bon tonnelier, celui qui ajuste ses douelles courbes, les resserre au feu et au cercle de fer, presque hermétiquement, sans utiliser le rafia ou l'étoupe, était rare. Yvars le savait et il en était fier. Changer de métier n'est rien, mais renoncer à ce qu'on sait, à sa propre maîtrise, n'est pas facile. »

«LES MUETS», *L'EXIL ET LE ROYAUME*, OC IV, P. 36.

3. Tonnelier au travail.

« Sans les regarder, les dockers portant les sacs s'engageaient sur les deux planches élastiques qui montaient du quai sur le pont des cargos. Arrivés en haut, soudain découpés dans le ciel et sur la baie, parmi les treuils et les mâts, ils s'arrêtaient une seconde éblouis face au ciel, les yeux brillants dans le visage couvert d'une pâte blanchâtre de sueur et de poussière, avant de plonger en aveugles dans la cale aux odeurs de sang chaud. »
LA MORT HEUREUSE, I, 2, OC I, P. 1108.

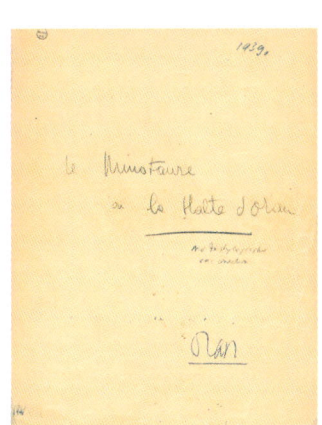

4. « Les Muets », *L'Exil et le Royaume* (1957), dactyl. avec corr. ms.

5. *La Mort heureuse* (roman demeuré inédit jusqu'en 1971), dactyl. avec corr. ms.

6. « Le Minotaure ou la Halte d'Oran », *L'Été*, 1939, page de titre, ms.

7. « Saïd, le petit cireur », dessin de Louis Bénisti, ami d'Albert Camus.

« Les rues d'Oran nous renseignent enfin sur les deux plaisirs essentiels de la jeunesse locale : se faire cirer les souliers et promener ces mêmes souliers sur le boulevard. Pour avoir une idée juste de la première de ces voluptés, il faut confier ses chaussures, à dix heures, un dimanche matin, aux cireurs du boulevard Gallieni. Juché sur de hauts fauteuils, on pourra goûter alors cette satisfaction particulière que donne, même à un profane, le spectacle d'hommes amoureux de leur métier comme le sont visiblement les cireurs oranais. Tout est travaillé dans le détail. Plusieurs brosses, trois variétés de chiffons, le cirage combiné à l'essence : on peut croire que l'opération est terminée devant le parfait éclat qui naît sous la brosse douce. Mais la même main acharnée repasse du cirage sur la surface brillante, la frotte, la ternit, conduit la crème jusqu'au cœur des peaux et fait alors jaillir, sous la même brosse, un double et vraiment définitif éclat sorti des profondeurs du cuir. »
« LE MINOTAURE OU LA HALTE D'ORAN », *L'ÉTÉ*, OC III, P. 570-571.

LE TRAVAIL ABRUTISSANT

Pour avoir connu, pendant sa jeunesse, plusieurs périodes d'un travail répétitif, Albert Camus est conscient du fait que, dans certaines circonstances, le métier est tout sauf épanouissant. Il a suffisamment observé les habitants des cités modernes pour savoir que le travail peut ôter à l'être humain toute énergie, toute latitude pour inventer sa vie, et même pour penser.

« *Lever, tramway, quatre heures de bureau ou d'usine, repas, tramway, quatre heures de travail, repas, sommeil et lundi mardi mercredi jeudi vendredi et samedi sur le même rythme, cette route se suit aisément la plupart du temps. Un jour seulement, le "pourquoi" s'élève et tout commence dans cette lassitude teintée d'étonnement. "Commence", ceci est important. La lassitude est à la fin des actes d'une vie machinale, mais elle inaugure en même temps le mouvement de la conscience.* »

LE MYTHE DE SISYPHE, OC I, P. 227-228.

1. Une forge, dans le Nord de la France. Photographie de François Kollar.

2. *Le Mythe de Sisyphe*, édition originale, Gallimard, 1942.

« Si l'on en croit Homère, Sisyphe était le plus sage et le plus prudent des mortels. Selon une autre tradition cependant, il inclinait au métier de brigand. Je n'y vois pas de contradiction. Les opinions diffèrent sur les motifs qui lui valurent d'être le travailleur inutile des Enfers. »

LE MYTHE DE SISYPHE, OC I, P. 301

« Si l'on en croit Homère, Sisyphe était le plus sage et le plus prudent des mortels. Selon une autre tradition cependant, il inclinait au métier de brigand. Je n'y vois pas de contradiction. Les opinions diffèrent sur les motifs qui lui valurent d'être le travailleur inutile des Enfers. »

3. Sortie d'usine.

4. Un service comptable, 1930. Photographie de Henri Manuel.

« Dès huit heures, au moment où Jacques entrait dans le magasin qui sentait le fer et l'ombre, une lumière s'éteignait en lui, le ciel avait disparu. Il saluait la caissière et grimpait dans le grand bureau mal éclairé du premier étage. Il n'y avait pas de place pour lui autour de la table centrale. [...] Jacques se tenait donc sur une chaise placée à droite de la porte du directeur, attendant qu'on lui donnât du travail à faire et le plus souvent il s'agissait de classer des factures ou du courrier commercial dans le fichier qui encadrait la fenêtre, dont il aimait au début sortir les classeurs à tirettes, les manier et les respirer, jusqu'à ce que l'odeur de papier et de colle, exquise au début, finît par devenir pour lui l'odeur même de l'ennui, ou bien on lui demandait de vérifier une fois de plus une longue addition et il le faisait sur ses genoux, assis sur sa chaise, ou encore l'aide-comptable l'invitait à "collationner" une série de chiffres avec lui et, toujours debout, il pointait les chiffres avec application, que l'autre énumérait d'une voix morne et sourde, pour ne pas gêner les collègues. Par la fenêtre, on pouvait voir la rue et les immeubles d'en face, mais jamais le ciel. »

LE PREMIER HOMME, OC IV, P. 903-904.

LES MÉTIERS DE LA JUSTICE

1. Témoignage de Laval au procès de Pétain en août 1945. Albert Camus, journaliste, est au deuxième rang (le troisième en partant de la gauche). Photographie de René Saint-Paul.

Albert Camus, journaliste, a eu plusieurs occasions de suivre des procès. Ses œuvres abondent en personnages qui sont des acteurs de la machine judiciaire ; ils sont décrits comme des histrions qui jouent en toute bonne conscience leur rôle mortifère dans cette sinistre comédie qu'est un procès.

« Il y a quelques années, j'étais avocat à Paris et, ma foi, un avocat assez connu. [...] J'avais une spécialité : les nobles causes. La veuve et l'orphelin, comme on dit, je ne sais pourquoi, car enfin il y a des veuves abusives et des orphelins féroces. Il me suffisait cependant de renifler sur un accusé la plus légère odeur de victime pour que mes manches entrassent en action. Et quelle action ! Une tempête ! J'avais le cœur sur les manches. On aurait cru vraiment que la justice couchait avec moi tous les soirs. »

LA CHUTE, OC III, P. 703.

2. *La Chute*, dactyl. avec corr. ms

3. Prière d'insérer de *La Chute*, 1956.

4. *L'Étranger*, édition originale, Gallimard, 1942.

5. *Les Justes*, acte IV, 1949, dactyl. avec corr. ms.

6. Illustration de Mayo pour *L'Étranger*, édition illustrée de 1946 (Gallimard).

« Pendant les grèves de 1947, les journaux annoncèrent que le bourreau de Paris cesserait aussi son travail. On n'a pas assez remarqué, à mon sens, cette décision de notre compatriote. Ses revendications étaient nettes. Il demandait naturellement une prime pour chaque exécution, ce qui est dans la règle de toute entreprise. Mais, surtout, il réclamait avec force le statut de chef de bureau. Il voulait en effet recevoir de l'État, qu'il avait conscience de bien servir, la seule consécration, le seul honneur tangible qu'une nation moderne puisse offrir à ses bons serviteurs, je veux dire, un statut administratif. [...] Dans les temps barbares, une auréole terrible tenait à l'écart du monde le bourreau. Il était celui qui, par métier, attente au mystère de la vie et de la chair. Il était et il se savait un objet d'horreur. Et cette horreur consacrait en même temps le prix de la vie humaine. Aujourd'hui il est seulement un objet de pudeur. »

« LE TEMPS DES MEURTRIERS », 1949, OC III, P. 352.

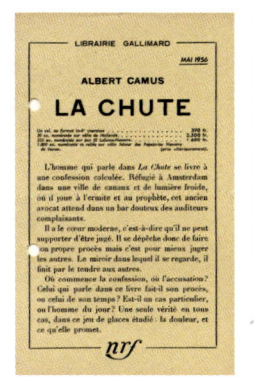

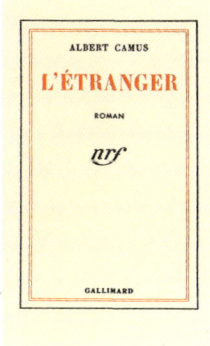

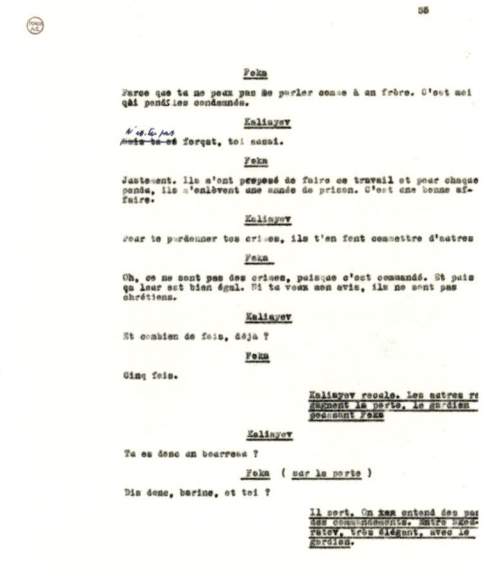

« Pendant les plaidoiries du procureur et de mon avocat, je peux dire qu'on a beaucoup parlé de moi et peut-être plus de moi que de mon crime. Étaient-elles si différentes, d'ailleurs, ces plaidoiries ? L'avocat levait les bras et plaidait coupable, mais avec excuses. Le procureur tendait ses mains et dénonçait la culpabilité, mais sans excuses. »

L'ÉTRANGER, OC I, P. 198.

ENSEIGNANT ET JOURNALISTE

Si Albert Camus n'a pas pu, à cause de la tuberculose, devenir enseignant, il a, par trois fois, exercé le métier de journaliste : à *Alger Républicain* (1938-1939), à *Combat* (1944-1947), à *L'Express* (1955-1956). Il sera très exigeant à l'égard des journalistes ; leur responsabilité lui semble décisive dans l'évolution collective. Pour les enseignants qu'il a connus, il a toujours éprouvé du respect, voire de l'affection si l'on songe à son instituteur, Louis Germain.

« Non, l'école ne leur fournissait pas seulement une évasion à la vie de famille. Dans la classe de M. Bernard, du moins, elle nourrissait en eux une faim plus essentielle encore à l'enfant qu'à l'homme et qui est la faim de la découverte. »

LE PREMIER HOMME, OC IV, P. 830.

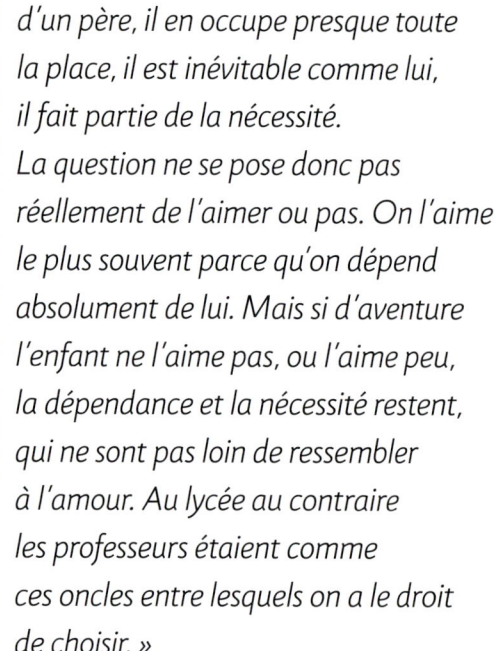

« Un instituteur [...] est plus près d'un père, il en occupe presque toute la place, il est inévitable comme lui, il fait partie de la nécessité. La question ne se pose donc pas réellement de l'aimer ou pas. On l'aime le plus souvent parce qu'on dépend absolument de lui. Mais si d'aventure l'enfant ne l'aime pas, ou l'aime peu, la dépendance et la nécessité restent, qui ne sont pas loin de ressembler à l'amour. Au lycée au contraire les professeurs étaient comme ces oncles entre lesquels on a le droit de choisir. »

LE PREMIER HOMME, OC IV, P. 875.

1. À l'école communale de la rue Aumerat, Alger, 1923-1924 (Camus est le quatrième au premier rang en partant de la droite).

2. Louis Germain, l'instituteur qui fit passer à Camus le concours des bourses et à qui son ancien élève dédia son discours du Prix Nobel de littérature en 1957.

3. L'essayiste Jean Grenier, professeur de philosophie de Camus à Alger.

4. À *Combat*, en 1944. En compagnie, notamment, de Petitbreton, Péroni, Albert Ollivier, Bloch-Michel, de Lignac, Roger Grenier, Pascal Pia, François Bruel, Serge Karsky. Photographie de René Saint-Paul.

« *Notre désir, d'autant plus profond qu'il était souvent muet, était de libérer les journaux de l'argent et de leur donner un ton et une vérité qui mettent le public à la hauteur de ce qu'il y a de meilleur en lui. Nous pensions alors qu'un pays vaut souvent ce que vaut sa presse. Et s'il est vrai que les journaux sont la voix d'une nation, nous étions décidés, à notre place et pour notre faible part, à élever ce pays en élevant son langage.* »

« CRITIQUE DE LA NOUVELLE PRESSE »,
AOÛT 1944, *ACTUELLES*, OC II, P. 384-385.

« *Un journaliste responsable doit donc :
1) refuser toute censure ;
2) je ne dirai pas être du côté des victimes mais ne jamais être du côté des bourreaux [...] ;
3) dénoncer tout ce qui restreint la liberté d'exercer ce métier. [...] Bien faire son métier pour un journaliste cela consiste à dire, quel que soit le prix payé, que 2 et 2 font 4, cela consiste à cultiver l'énergie plutôt que la haine, la libre objectivité plutôt que la rhétorique. Il y faut le goût du risque, la sérénité et la force, un amour suprême des autres hommes pour refuser toujours qu'on les mette à genoux.* »

« BIEN FAIRE SON MÉTIER », 1946, OC IV, P. 1338.

5. Avec l'équipe d'*Alger Républicain*, vers 1938-1939. Le premier numéro de ce journal dirigé par Pascal Pia paraît le 6 octobre 1938.

6. Carte de réduction aux spectacles pour Albert Camus, journaliste à *Combat*, 1945.

7. « Bien faire son métier », texte préparatoire à une conférence sur le métier de journaliste, 1946, ms.

8. « Une des plus belles professions que je connaisse », *Caliban*, n° 54, août 1951.

LES MÉTIERS DU THÉÂTRE

Du théâtre, dès sa jeunesse, Albert Camus a exercé tous les métiers : metteur en scène, auteur, comédien, adaptateur – et toujours avec un bonheur irradiant. Il était, dans tous les sens du terme, un « homme de plateau ». Il a aimé ce travail d'équipe, auquel il aurait voulu pouvoir se consacrer davantage. Même quand ses pièces ne rencontraient pas le succès escompté, l'estime, l'admiration, l'affection des gens de théâtre lui étaient acquises. Le théâtre, pour lui, est affaire de passion.

1. Planche de photographies prises lors des répétitions de *La Dévotion à la croix* de Calderón de la Barca, adapté par Albert Camus, Festival d'Angers, 1953.

« Le théâtre en effet me paraît une sorte de solidarité forcée, je veux dire que c'est une collectivité de techniciens, d'acteurs, d'écrivains ou de metteurs en scène qui est forcée à la solidarité, et c'est peut-être la seule manière de la réaliser. [...] nous sommes forcés d'être solidaires parce que [...] le fruit de deux mois de travail sur un plateau comme celui-ci est un fruit que nous cueillons tous ensemble ou pas du tout. »

DÉBAT AVEC LE PUBLIC APRÈS UNE REPRÉSENTATION DES *POSSÉDÉS*, OC IV, P. 540.

Pourquoi je fais du théâtre ?
par ALBERT CAMUS

Comment ? Pourquoi je fais du théâtre ? Eh! bien je me le suis souvent demandé. Et la seule réponse que j'aie pu me faire jusqu'à présent vous paraitra d'une décourageante banalité: tout simplement parce qu'une scène de théâtre est un des lieux du monde où je suis heureux. Remarquez d'ailleurs que cette réflexion est moins banale qu'il y parait. Le bonheur aujourd'hui est une activité originale. La preuve est qu'on a plutôt tendance à se cacher de l'exercer, à y voir une sorte de ballet rose dont il faut s'excuser. Là-dessus tout le monde est bien d'accord! Je lis parfois, sous des plumes austères, que des hommes d'action ayant renoncé à toute activité publique se sont réfugiés ou se sont abrités dans leur vie privée. Il y a un peu de mépris, non, dans cette idée de refuge ou d'abri? De mépris, et, l'un ne va pas sans l'autre, de sottise. Pour ma part, en effet, je connais beaucoup plus de gens, au contraire, qui se sont réfugiés dans la vie publique pour échapper à leur vie privée. Les puissants sont souvent les ratés du bonheur: cela explique qu'ils ne soient pas tendres. Où en étais-je ? Oui, le bonheur. Eh! bien, pour le bonheur aujourd'hui, c'est comme pour le crime de droit commun: n'avouez jamais. Ne dites pas ingénument, comme ça, sans penser à mal "je suis heureux". Aussitôt vous lirez autour de vous sur des lèvres retroussées votre condamnation. " Ah! vous êtes heureux, mon garçon! Et, dites-moi, que faites vous des orphelins du Cachemire et des lépreux des Nouvelles Hébrides, qui, eux, ne sont pas heureux, comme vous dites". Hé oui, que faire des lépreux ? Comment s'en débarrasser, comme dit notre ami Ionesco. Et aussitôt nous voilà tristes comme des cure-dents. Pourtant moi, je suis plutôt tenté de croire qu'il faut être fort et heureux pour bien aider les gens dans le malheur. Celui qui traîne sa vie et succombe sous son propre poids ne peut aider personne.

2. « Pourquoi je fais du théâtre ? », texte pour l'émission de télévision « Gros plan » du 12 mai 1959, dactyl. avec corr. ms.

« *Je ne sais qui a dit que pour bien mettre en scène il fallait connaître par les bras le poids du décor. C'est une grande règle d'art et j'aime ce métier qui m'oblige à considérer, en même temps que la psychologie des personnages, la place d'une lampe ou d'un pot de géranium, le grain d'une étoffe, le poids et le relief d'un caisson qui doit être porté aux cintres.* »

« POURQUOI JE FAIS DU THÉÂTRE? », OC IV, P. 607.

« *Au terme de son effort, sa vocation s'éclaire : s'appliquer de tout son cœur à n'être rien ou à être plusieurs. Plus étroite est la limite qui lui est donnée pour créer son personnage et plus nécessaire est son talent. Il va mourir dans trois heures sous le visage qui est le sien aujourd'hui. Il faut qu'en trois heures il éprouve et exprime tout un destin exceptionnel. Cela s'appelle se perdre pour se retrouver. Dans ces trois heures, il va jusqu'au bout du chemin sans issue que l'homme du parterre met toute sa vie à a parcourir.* »

LE MYTHE DE SISYPHE, OC I, P. 274.

3. Répétition de *Requiem pour une nonne* (adaptation du roman de Faulkner), Théâtre des Mathurins, 1956.

4. « Pourquoi je fais du théâtre ? », *La Vie du CDE*, n° 16, septembre 1959.

ÉCRIVAIN ET ARTISTE

Artiste par vocation, Albert Camus considère qu'il exerce le métier d'écrivain – un métier exigeant et prenant, qui le met en tension perpétuelle par rapport aux autres et à son temps, envers qui il se sait responsable. Il aime ce métier, même s'il lui arrive souvent de douter de son talent et d'être mécontent de ce qu'il écrit. La création est, selon lui, un des hauts lieux de la liberté et de la révolte humaines.

« J'avance du même pas, il me semble, comme artiste et comme homme. Et ceci n'est pas préconçu. C'est une confiance que je fais, dans l'humilité, à ma vocation… Mes prochains livres ne se détourneront pas du problème de l'heure. Mais je voudrais qu'ils se le soumettent plutôt que de s'y soumettre. Autrement dit, je rêve d'une création plus libre, avec le même contenu… Je saurai alors si je suis un véritable artiste. »

CARNETS, 1952, OC IV, P. 1133.

« Ma foi, j'ai fait beaucoup de métiers, par nécessité ou par goût, et il faut croire que je suis tout de même arrivé à les concilier avec la littérature puisque je suis resté un écrivain. »

« POURQUOI JE FAIS DU THÉÂTRE? », OC IV, P. 608.

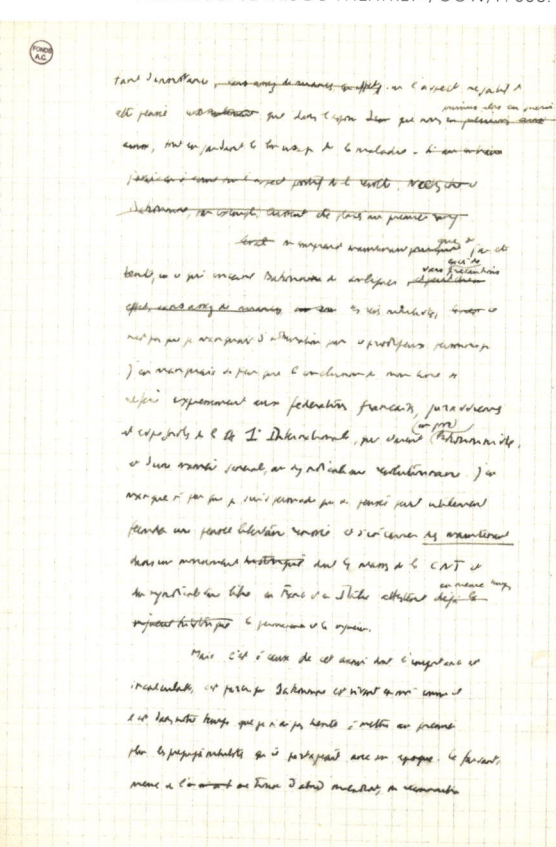

1. Pochette contenant les textes ms. et dactyl. d'*Actuelles II* (1952), avec mention ms.

2. « Révolte et romantisme », repris dans *Actuelles II*, 1953, ms.

3. Dans les Vosges, écrivant *L'Homme révolté*, 1950.

« Voyez-vous, un écrivain travaille solitairement, est jugé dans la solitude, surtout se juge lui-même dans la solitude. Ce n'est pas bon, ce n'est pas sain. S'il est normalement constitué, une heure vient où il a besoin du visage humain, de la chaleur d'une collectivité. C'est même l'explication de la plupart des engagements d'écrivain : le mariage, l'Académie, la politique. Ces expédients n'arrangent rien d'ailleurs. On n'a pas plus tôt perdu la solitude qu'on se prend à la regretter, on voudrait avoir, en même temps, les pantoufles et le grand amour, on veut être de l'Académie sans cesser d'être non conformiste... »

«POURQUOI JE FAIS DU THÉÂTRE?», OC IV, P. 606.

« Du même coup, après avoir dit la noblesse du métier d'écrire, j'aurais remis l'écrivain à sa vraie place, n'ayant d'autres titres que ceux qu'il partage avec ses compagnons de lutte, vulnérable mais entêté, injuste et passionné de justice, construisant son œuvre sans honte ni orgueil à la vue de tous, toujours partagé entre la douleur et la beauté, et voué enfin à tirer de son être double les créations qu'il essaie obstinément d'édifier dans le mouvement destructeur de l'histoire. »

DISCOURS DE SUÈDE, 10 DÉCEMBRE 1957, OC IV, P. 242.

LE MÉTIER D'HOMME

Le vrai métier est celui qui permet à l'être humain de s'épanouir. Mais être homme, ce pourrait bien être un métier, selon Albert Camus ; cela s'apprend, cela s'exerce, cela s'invente : tout homme est un « premier homme », dans l'exigence éthique et dans le désir de bonheur.

1. « Le Métier d'homme », *L'Express*, 14 mai 1955.

LETTRES ET ARTS

LE MÉTIER D'HOMME
par Albert CAMUS

Un grand nom a surgi dans les lettres françaises depuis dix ans : celui d'Albert Camus. « L'Express » est heureux et fier d'accueillir, cette semaine, le premier article écrit par l'auteur de « La Peste », depuis de longues années. Cet article marque sa rentrée dans le journalisme actif qu'il avait abandonné après avoir quitté la direction du premier « Combat », celui des deux années qui survivront à la Libération. C'est de Grèce, où il voyage en ce moment, qu'Albert Camus inaugure sa collaboration à « L'Express ».

LE hasard de deux voyages m'a permis de rencontrer, à quelques semaines d'intervalle, des hommes contents de ce qu'ils faisaient. Si curieux que cela puisse paraître, ces hommes étaient des Français.

A Orléansville, il y a quelques mois, j'ai vécu au milieu du groupe de jeunes architectes qui reconstruisent la ville et sa région. A Argos, il y a quelques jours, j'ai rencontré les jeunes archéologues qui poursuivent les fouilles de l'Ecole française d'Athènes. Il y avait autant de soleil et de poussière à Argos qu'à Orléansville, les maisons encore debout n'étaient pas si différentes. Quant aux deux peuples, la pauvreté et une commune fierté les font ressemblants. La même lumière plus lourde en Algérie, plus vive en Grèce, les aide un peu à vivre.

Dans les deux villes se sont installés des hommes jeunes, qui excellent dans leur métier respectif. Ils vivent en communauté, sans aucun confort, d'une vie à demi monastique par le dénuement et la sobriété, mais que l'énergie, la lumière, la joie de faire, la camaraderie, remplissent de bonnes jouissances.

Campés au milieu des ruines, anciennes ou neuves, en amitié profonde avec le peuple qui les entoure, voués tout entiers à leur métier de reconstructeurs ou de découvreurs, ils travaillent inlassablement. Le soir venu, au milieu des plaisanteries, ils font leur bilan et mesurent alors leurs lents progrès.

Sur ces visages sains, ces corps alertes sous les chandails ou les blousons, malgré les fatigues et les soucis, personnels ou professionnels, je n'ai vu aucune de ces traces d'usure morale ou d'amertume qui rendent parfois si pénible la faune française. Ces jeunes gens sont heureux, au contraire, de vivre une aventure, celle du passé ou de l'avenir. A leur manière, ils font avancer, et dans des sens inverses, les deux grandes roules suivies par l'homme. Ils lui font, ou lui refont, une histoire. Dans les deux cas, et si peu que ce soit, ils travaillent, réellement, à agrandir son royaume.

Loin de nos faux métiers, de nos petits ressentiments, de nos communautés vides ou destructrices, de nos solitudes incomplètes, ils exercent, dans la chaleur du travail créateur, un métier d'homme.

L'amertume

Pourquoi ne pas le dire ? J'ai envié un peu, mais avec une affection dont ils n'avaient d'ailleurs que faire, ces hommes dont j'aurais aimé partager la vie, et l'effort. Je n'ai jamais été heureux, je le sais, et pacifié, que dans un métier digne de foi, un travail mené au milieu d'hommes que je puisse aimer. Je sais aussi que beaucoup, sur ce point, me ressemblent. Sans travail, toute vie pourrit. Mais sous un travail sans âme, la vie étouffe, et meurt.

N'est-ce pas alors le véritable effort d'une nation de faire ce qui est possible pour que ses citoyens aient le seul sentiment de faire leur vrai métier, le seul utile à la place où ils sont ?

A Argos, à Orléansville, je me disais en tout cas cela, et qu'il suffirait que le travail retrouve ses racines, que la création redevienne possible, que soient abolies enfin les conditions qui font de l'un et de l'autre un servage intolérable ou une souffrance vaine, et dans les deux cas un malheur solitaire, pour que notre pays se peuple des visages que je voyais alors, pour qu'il guérisse enfin de cette amertume générale qui fait sa véritable impuissance.

Voilà pourquoi, un peu après avoir laissé Argos, revenu sur les ruines du palais fortifié d'Agamemnon à Mycènes, je pensais sourdement, et comme malgré moi, à ces jeunes constructeurs qui, de l'autre côté de la mer, allaient à longueur d'années ce qui fut abattu en une nuit, à ces jeunes archéologues venus de loin pour relever, au royaume enfin à étendre, la longue entreprise qui nous attend.

L'espoir

Le lieu, après tout, est propice aux réflexions sur la puissance et l'action. La forteresse des crimes, ceinturée d'énormes blocs entre deux pics sauvages, couronnée en ce moment de milliers de gros coquelicots rouge sombre, domine et surveille la plaine d'Argos que s'étend jusqu'aux monts du Péloponnèse et jusqu'à la mer. Cette plaine, que les oliviers couvrent de cendre grise à perte de vue, n'a pas plus de dix kilomètres de large. Et cependant les proportions en sont si aériennes, les perspectives des montagnes et de la mer si spacieuses que jamais plus vaste royaume ne s'est offert aux yeux d'un homme. Les Atrides, ici, régnaient en même temps sur une poignée d'arbres et sur un monde.

Sur ce monde, il y a quelques jours, le soir laissait descendre, de surcroît, une grandeur sans mesure. Vidée de sa lumière vibrante, l'espace du ciel était immense, le silence qui en suintait si absolu que le pied se repentait d'avoir fait rouler une pierre. De pareilles heures, les semblables lieux ne supportent que certaines pensées. Ils servent le cœur, mais pour le refermer sur son plus profond désir, que tous connaissent sans savoir le nommer, et qui fait durer l'homme et s'élever ses empires.

Voilà pourquoi de tous les sentiments qui pouvaient naître devant ce spectacle, l'un de ceux dont je veux parler ici, et c'est de lui seulement que je veux parler ici, me ramenait aux hommes dont j'ai parlé et s'accordait, grâce à eux, à la nuit mycénienne. Ce sentiment, un peu nouveau, s'appelait l'espoir.

P.S. — *L'Express* pourrait peut-être faire un appel pour Volos, la ville détruite par les récents tremblements de terre. Je l'ai visitée, et vous épargne une description que vous imagineriez très bien. Voici en tout cas le bilan : 8 % de maisons intactes, 15 % de récupérables, le reste détruit. 50.000 personnes sont sans abri. Le tiers a fui la ville, le reste vit sous des tentes. Mais la chaleur s'installe déjà, l'eau est rare, les fosses septiques inexistantes et l'on craint l'épidémie. Des dons permettraient de précipiter l'adduction d'eau, au moins. Ils peuvent être adressés au maire de Volos, Grèce.

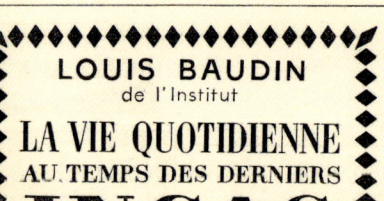

A. C.

La semaine prochaine :
André MALRAUX

ALBERT CAMUS
Loin de nos solitudes incomplètes

PHILOSOPHIE

Pensée politique

DANS son numéro spécial consacré à la littérature française, le *Times* de Londres constatait, en même temps que la richesse de nos belles-lettres, une stagnation inquiétante de la pensée politique française.

Deux livres, parus dans la même semaine, devraient faire revoir notre confrère anglais sur son jugement quelque peu hâtif. Deux études, de tendance fort différente : dans LES AVENTURES DE LA DIALECTIQUE (Gallimard), Maurice Merleau-Ponty examine l'évolution de la dialectique à travers l'œuvre de Max Weber, Georges Lukács, Lénine et Sartre, tandis que Raymond Aron, dans L'OPIUM DES INTELLECTUELS (Calmann-Lévy), s'efforce de démystifier les notions du prolétariat, de la révolution, de la gauche, etc.

Raymond Aron conclut son livre par un appel que souhaitait « la venue des sceptiques s'ils doivent éteindre le fanatisme », tandis que Maurice Merleau-Ponty espère que le sien décidera ses lecteurs à supporter leur liberté, à ne pas l'échanger à perte, « car elle n'est pas seulement leur chose, leur plaisir, leur plaisir ; elle intéresse tous les autres ».

L'EXPRESS a tenu à signaler dès maintenant la parution de ces deux ouvrages importants, avant d'en donner, dans les prochains numéros, l'analyse approfondie qu'ils méritent.

Même lorsque, déçu par des prédictions non réalisées, effrayé surtout par un vent de folie, Hugo renonce aux tables, sa pensée continue à élaborer les enseignements de la période spirite et à en nourrir le mysticisme de toutes ses grandes œuvres de CE QUE DIT LA BOUCHE D'OMBRE à DIEU et à LA FIN DE SATAN.

Mysticisme généreux, mais peu satisfaisant comme tout mysticisme qui ne s'appuie pas d'abord sur une solide armature dogmatique. Ainsi Victor Hugo n'est pas devenu le prophète d'une religion nouvelle, mais simplement un dieu dans le panthéon spirite du cao-daïsme... Malgré l'utilisation d'un certain nombre de documents inédits, le petit livre de M. Le Vaillant n'apporte pas beaucoup de clartés nouvelles (après Saurat et Viatte) et se borne à mettre clairement en liaison les évangiles secrets de la table et les prédications publiques des grands poèmes.

● Deux éditions de Baudelaire viennent d'être publiées au cours de ces derniers jours. Celle du Club Français du Livre, dirigée par Pierre Schneider, réunit en un seul volume l'essentiel de l'œuvre de Baudelaire.

Sous la direction de Sylvestre de Sacy, le Club du Meilleur Livre a commencé une entreprise plus ambitieuse. Il présente les « Œuvres complètes de Baudelaire », classées par ordre chronologique, avec des préfaces de Pierre-Jean Jouve, Maurice Nadeau, Roland Barthes (Théâtre de Baudelaire) et Yves Bonnefoy pour « Les Fleurs du Mal », « ce maître-livre de notre poésie ».

LOUIS BAUDIN
de l'Institut
LA VIE QUOTIDIENNE AU TEMPS DES DERNIERS INCAS
Un empereur-dieu
Un empire caserne
HACHETTE

L'EXPRESS. — 14 MAI 1955

---

7 ÉCRIVAINS CÉLÈBRES VOUS AIDENT A MONTER VOTRE BIBLIOTHÈQUE

André BILLY, Pierre MAC ORLAN, André MAUROIS, Henri MONDOR, DANIEL-ROPS, Armand SALACROU, Henri TROYAT, assistés par Louis PAUWELS, se réunissent régulièrement pour choisir des ouvrages non nommés qui sont édités par la Bibliothèque Mondiale. Chacun de ces ouvrages, précédés d'une préface inédite, d'une présentation raffinée, peut vous revenir seulement en moyenne à 100 francs. Profitez de l'aide compétente de ces écrivains et montez-vous une bibliothèque de classe pour un prix exceptionnellement bas.

Écrivez à la Bibliothèque Mondiale, 8, rue de Berri, Paris-8e, Service EX.6, et vous recevrez, contre trois timbres de quinze francs, un ouvrage de 250 pages de cette collection et une documentation détaillée des volumes parus et à paraître.

PREUVES
Revue mensuelle
publie en Mai

DENIS DE ROUGEMONT
Le château aventureux

GEORGE MIKES
L'humour de Ronald Searle

et

un récit plein de verve de
GEORGES GORSE
Les chemins de Damas

PREUVES : 23, rue de la Pépinière - PARIS-8e
Le No 104 p. dessins et hors-textes : 180 frs
En vente partout - C.C.P. 178-00 Paris

Page 15

« *C'était précisément cela que je ressentais : j'avais bien joué mon rôle. J'avais fait mon métier d'homme et d'avoir connu la joie tout un long jour ne me semblait pas une réussite exceptionnelle, mais l'accomplissement ému d'une condition qui, en certaines circonstances, nous fait un devoir d'être heureux.* »

« NOCES À TIPASA », *NOCES*, OC I, P. 110.

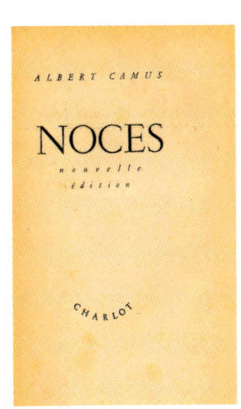

2. Page de titre de la nouvelle édition de *Noces* aux Éditions Charlot, 1945.

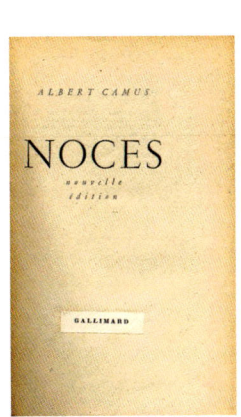

3. Page de titre de la même édition, reprise en 1950 par Gallimard dans la collection « Essais » sous une nouvelle couverture et avec papillon de relais en page de titre masquant la marque Charlot.

4. « Noces à Tipasa », *Noces* (1937), dernier feuillet, dactyl. avec corr. ms.

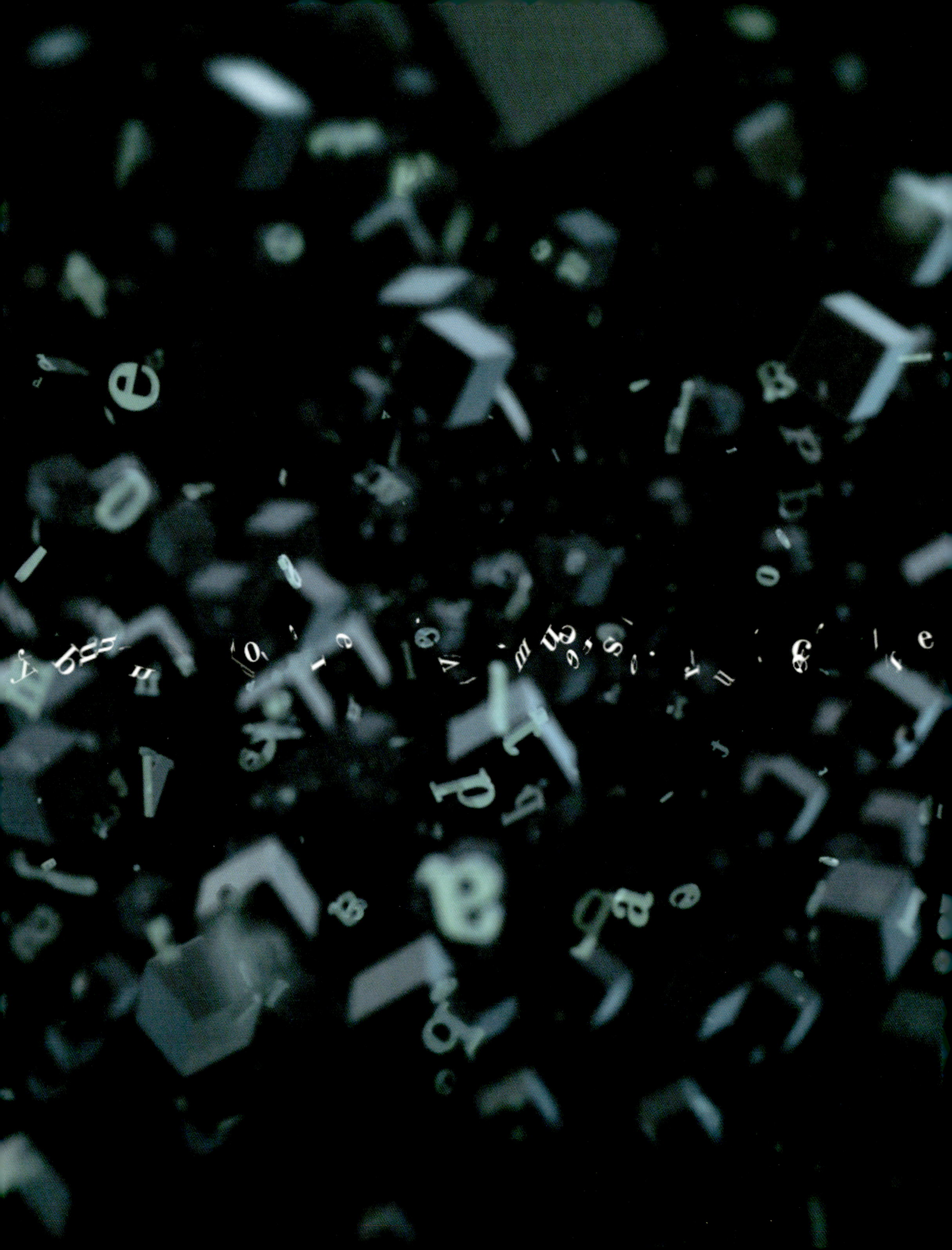

4 Jeu

- LES JEUX DE L'ENFANT
- LE JEU DE LA VIE
- DON JUAN, FIGURE DU JOUEUR
- GAGNER OU PERDRE LA PARTIE
- TRICHER, REFUSER LA COMÉDIE
- ENTRE JEU ET SÉRIEUX
- LE FOOTBALLEUR
- ACTEUR ET METTEUR EN SCÈNE
- LE DRAMATURGE ET SES ACTEURS

Francine et Albert Camus,
dans la propriété de leur ami
Michel Gallimard, aux *Brefs*,
près de Pornic (Loire-Atlantique),
août 1946.

> *« Oui, il avait vécu ainsi dans les jeux de la mer, du vent, de la rue, sous le poids de l'été et les lourdes pluies du bref hiver. »*
>
> LE PREMIER HOMME, OC IV, P. 910.

Le Premier Homme est, pour une grande part, le livre de l'enfance et de ses jeux. À la plage, dans la rue ou la cour de son école, Jacques, le héros du roman, se dépense sans compter tout en ayant conscience que le sport suppose l'obéissance à des règles. Dès le début de sa carrière d'écrivain, Albert Camus a donné au jeu une valeur existentielle et métaphysique. Un jour de mars 1938, il a été saisi, devant les autos qui passaient, d'un vertige suicidaire. La pensée de la mort lui a fait comprendre qu'il n'existait pas de liberté sans assurance d'éternité ; au moins affrontera-t-il la mort les yeux ouverts. Mais il découvre ainsi une autre forme de liberté : « Étendre sa vie, saisir toutes ses chances, s'arrêter sur tous les visages de femmes. » Après avoir analysé cette expérience sous le titre « Sans lendemains », Camus inscrit le programme de son œuvre à venir. Plusieurs de ses projets ont trait au jeu.

La figure de Don Juan est celle d'un joueur qui, en se soumettant à la règle du jeu, accepte d'être perdant, à la différence de Caligula qui prétend, au nom de sa toute-puissance, jouer à un jeu qui n'aurait pas de limites. Jan, le héros du *Malentendu*, se livre à un autre jeu en trichant sur son identité ; se punissant ainsi soi-même, il punit aussi ses proches. Refusant obstinément de jouer la comédie, Meursault, le héros de *L'Étranger*, meurt du moins en accord avec lui-même. En un sens, il perd la partie. Tel est le sort commun aux hommes : Sisyphe sait bien que le rocher redescendra la colline. Mais on la gagne, d'une autre façon, en assumant lucidement son destin.

Jouant en équipe, sur les terrains ou sur les planches, Camus accepte les règles du jeu. Le sport permet de connaître ses propres limites, de se *mesurer* avec soi et avec les autres ; collectif comme le football, il ouvre aux vertus de la solidarité. « Le théâtre n'est pas un jeu », affirme Camus. Comprenons qu'il faut le prendre au sérieux. Il est un lieu de vérité parce que, auteur, acteur ou metteur en scène, on n'a pas le droit de tricher avec ses partenaires. Et le comédien ne ment pas car il découvre, à travers les rôles qu'il incarne, les infinies possibilités de son moi. Menacé par les dangers d'un univers marchand, le théâtre demeure pour Camus une école de morale et de bonheur, qui lui permet de renouer avec son innocence.

LES JEUX DE L'ENFANT

Avec son oncle tonnelier, Albert Camus apprend à nager. Dans la cour de l'école, il joue au football ou fait le coup de poing. *Le Premier Homme* donne l'image d'un enfant plus turbulent que pensif. Tous ces jeux sont gratuits ; mais pour s'acheter des friandises avec ses copains ou une place au stade, il faut un peu d'argent. La maladie plus encore que la pauvreté mettra, quand il aura dix-sept ans, un frein à sa pratique du sport.

1. *Gamins au soleil* par Fernand Léger, 1907.

2. Un ring de boxe (France, vers 1937), écho des donnades de l'enfance… Photographie de Gaston Paris.

« Malgré son dur métier de tonnelier, il aimait nager et chasser. Il emmenait Jacques tout enfant à la plage des Sablettes, le faisait grimper sur son dos et partait tout aussitôt au large, d'une brassée élémentaire mais musclée, en poussant des cris inarticulés qui traduisaient d'abord la surprise de l'eau froide, ensuite le plaisir de s'y trouver ou l'irritation contre une mauvaise vague. »
LE PREMIER HOMME, OC IV, P. 800.

« C'est là qu'avaient lieu les "donnades". Les donnades étaient simplement des duels, où le poing remplaçait l'épée, mais qui obéissaient à un cérémonial identique, dans son esprit au moins. Ils visaient en effet à vider une querelle où l'honneur d'un des adversaires était en jeu, soit qu'on eût insulté ses ascendants directs ou ses aïeux, soit qu'on eût déprécié sa nationalité ou sa race, soit qu'il eût été dénoncé ou accusé de l'être, volé ou accusé d'avoir volé, ou encore pour des raisons plus obscures telles qu'il en naît tous les jours dans une société d'enfants. »
LE PREMIER HOMME, OC IV, P. 834.

« À Alger, on ne dit pas
"prendre un bain", mais
"se taper un bain".
N'insistons pas.
On se baigne dans le port
et l'on va se reposer sur
des bouées. Quand
on passe près d'une bouée
où se trouve déjà une jolie
fille, on crie aux camarades :
"Je te dis que c'est
une mouette." Ce sont là
des joies saines. »

« L'ÉTÉ À ALGER », NOCES, OC, I, P. 118.

« À Alger, on ne dit pas "prendre un bain", mais "se taper un bain". N'insistons pas. On se baigne dans le port et l'on va se reposer sur des bouées. Quand on passe près d'une bouée où se trouve déjà une jolie fille, on crie aux camarades : "Je te dis que c'est une mouette." Ce sont là des joies saines. »

3. Albert Camus en 1917.

4. Albert Camus (au centre avec la casquette), gardien de l'équipe du Racing Universitaire d'Alger (R.U.A.) fin 1929.

« Dans tous les cas, et bien que la mer, le soleil, les jeux du quartier fussent des plaisirs gratuits, les frites, les berlingots, les pâtisseries arabes et surtout, pour Jacques, certains matches de football demandaient un peu d'argent, quelques sous au moins. »
LE PREMIER HOMME, OC IV, P. 792.

5. « L'été à Alger », *Noces*, ms.

LE JEU DE LA VIE

« *Qui suis-je et que puis-je faire – sinon entrer dans le jeu des feuillages et de la lumière.* »
CARNETS I, 1936, OC II, P. 799

La plupart des premiers projets d'écriture d'Albert Camus, au théâtre en particulier, tournent autour du jeu. Vivre ou mettre fin à ses jours : c'est le pari fondamental de l'homme. Le mariage lui-même se décide parfois sur un coup de dés. Réussir ou rater sa vie : il faut, même si on sait d'avance qu'on sera perdant, accepter la règle du jeu avec lucidité. Garder « les yeux ouverts ».

« *Je décidais dans un grand arrachement d'appliquer ma lucidité à jouer toutes les parties d'un jeu où je partais perdant.* »
« SANS LENDEMAINS », OC I, P. 1200

« *"J'ai envie de me marier, de me suicider, ou de m'abonner à L'Illustration. Un geste désespéré, quoi."* »
MERSAULT, DANS *LA MORT HEUREUSE*, OC I, P. 1125.

2. Le bain de mer de Marie et Meursault. *L'Étranger*, adaptation en bande dessinée par Jacques Ferrandez (Gallimard, 2013).

3. « Pour le Roman du joueur ». *Carnets*, juillet 1937, ms. Camus est en train d'écrire *La Mort heureuse* et songe à *Caligula* : « Joueur. / Révolution, gloire, amour et mort ! Que me fait cela au prix de ce quelque chose en moi, si grave et si vrai ? / — Et quoi ? / — Ce lourd cheminement de larmes, dit-il, qui fait tout mon goût de la mort. »

« Dans les cinémas de quartier, à Alger, on vend quelquefois des pastilles de menthe qui portent, gravé en rouge, tout ce qui est nécessaire à la naissance de l'amour :
1. des questions : "Quand m'épouserez-vous ?" ; "M'aimez-vous ?" ;
2. des réponses : "À la folie" ; "Au printemps".
Après avoir préparé le terrain, on les passe à sa voisine qui répond de même ou se borne à faire la bête. À Belcourt, on a vu des mariages se conclure ainsi et des vies entières s'engager sur un échange de bonbons à la menthe. Et ceci dépeint bien le peuple enfant de ce pays. »

« L'ÉTÉ À ALGER », *NOCES*, OC I, P. 121.

DON JUAN, FIGURE DU JOUEUR

« Dans l'univers que Don Juan entrevoit, le ridicule aussi est compris. Il trouverait normal d'être châtié. C'est la règle du jeu. Et c'est justement sa générosité d'avoir accepté toute la règle du jeu. »

LE MYTHE DE SISYPHE, OC I, P. 271.

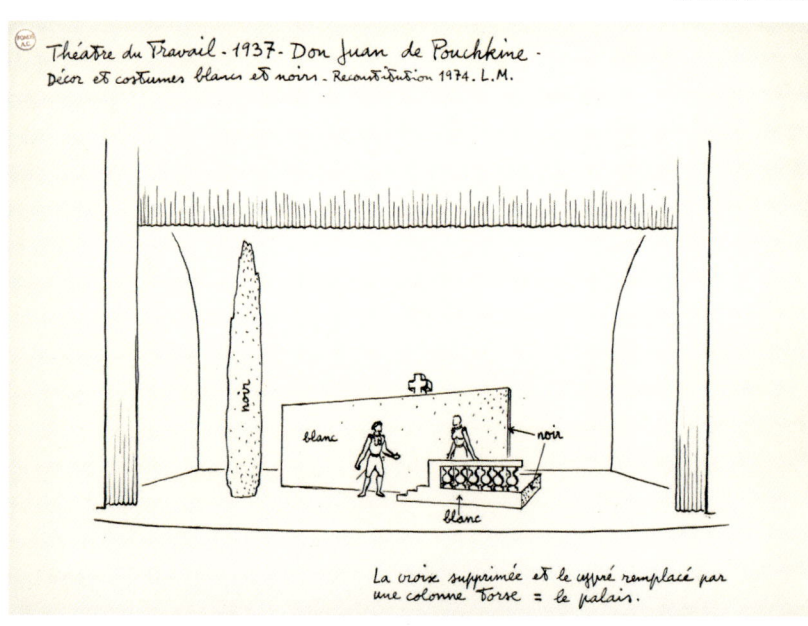

Don Juan s'expose au ridicule et à l'échec ; il en accepte le risque parce qu'il est généreux. En Algérie, où la jeunesse passe comme un éclair, les hommes font, sur les plaisirs de la chair, un pari qu'ils sont condamnés à perdre. Pour Clamence, le héros pénitent de *La Chute*, les femmes étaient les partenaires d'un jeu qui avait le goût de l'innocence ; elles sont désormais un objet de remords.

1. Louis Miquel, reconstitution de 1974 du dispositif scénique de *Don Juan* de Pouchkine, joué par le Théâtre du Travail en 1937.

2. Projet de décor d'Alfred Roller pour l'acte II, scène 3 du *Don Giovanni* de Mozart, Opéra de Vienne, 1905.

3. « Sans lendemains », 17 mars 1938, ms non publié. Un *Don Juan* figure au programme d'écriture du jeune Camus, qui tourne beaucoup autour de la question du jeu.

« Don Giovanni. Au sommet de tous les arts. Quand on a fini de l'entendre, on a fait le tour du monde et des êtres. »
CARNETS, 1953, OC IV, P. 1165

« J'aimais dans les femmes les partenaires d'un certain jeu, qui avait le goût, au moins, de l'innocence. »
CLAMENCE DANS *LA CHUTE*, OC III, P. 723

4. Camus et ses amies algéroises. À gauche, Francine Faure.

GAGNER OU PERDRE LA PARTIE

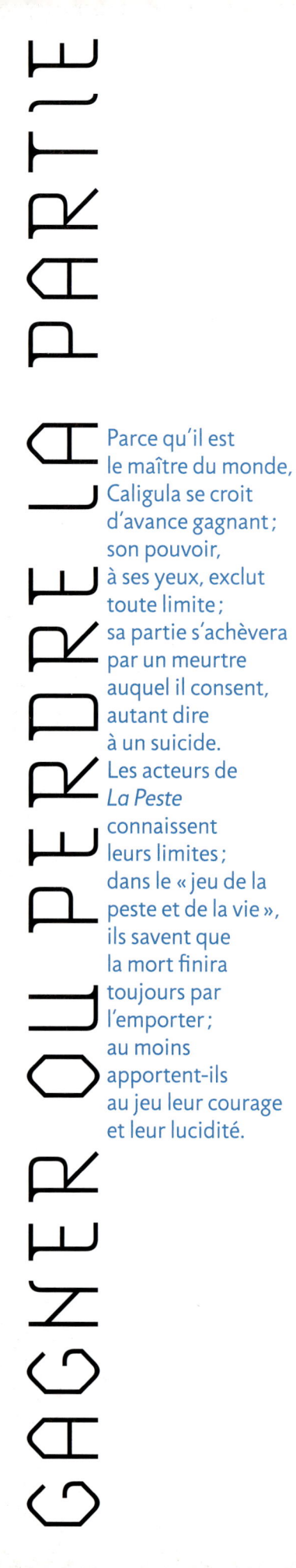

Parce qu'il est le maître du monde, Caligula se croit d'avance gagnant ; son pouvoir, à ses yeux, exclut toute limite ; sa partie s'achèvera par un meurtre auquel il consent, autant dire à un suicide. Les acteurs de *La Peste* connaissent leurs limites ; dans le « jeu de la peste et de la vie », ils savent que la mort finira toujours par l'emporter ; au moins apportent-ils au jeu leur courage et leur lucidité.

« Tarrou avait perdu la partie, comme il disait. Mais lui, Rieux, qu'avait-il gagné ? Il avait seulement gagné d'avoir connu la peste et de s'en souvenir, d'avoir connu l'amitié et de s'en souvenir, de connaître la tendresse et de devoir un jour s'en souvenir. Tout ce que l'homme pouvait gagner au jeu de la peste et de la vie, c'était la connaissance et la mémoire. Peut-être était-ce cela que Tarrou appelait gagner la partie ! »

LA PESTE, OC II, P. 236.

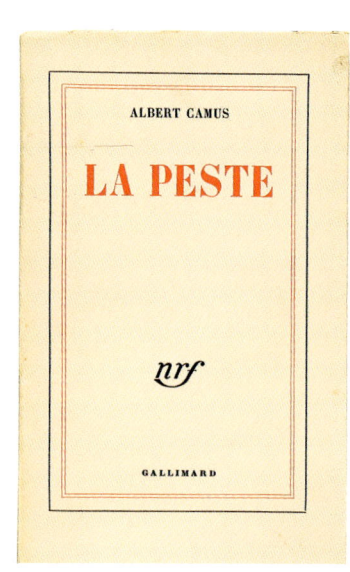

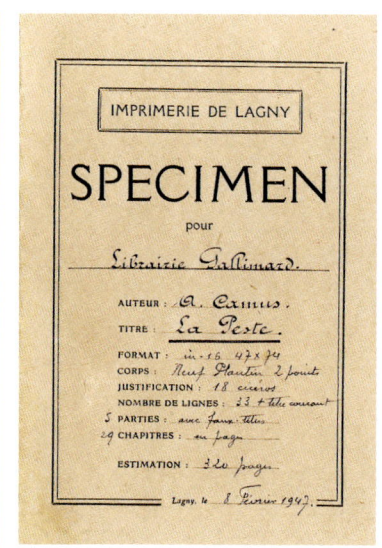

1. *La Peste*, édition originale, Gallimard, 1947.

2. Spécimen de composition pour *La Peste*, 8 février 1947.

« CALIGULA : [...] il s'agit de rendre possible ce qui ne l'est pas.
SCIPION : Mais c'est un jeu qui n'a pas de limites. C'est la récréation d'un fou.
CALIGULA : Non, Scipion, c'est la vertu d'un empereur. »

CALIGULA, ACTE I, SCÈNE 9, OC I, P. 336.

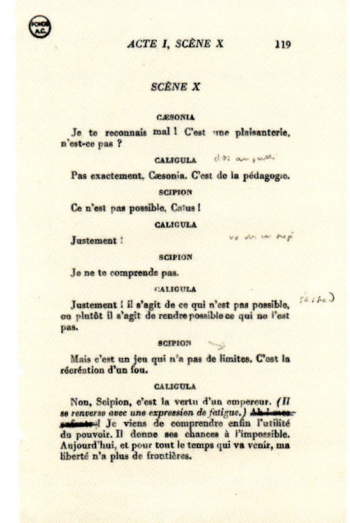

3. *Caligula*, acte I scène X, épreuves d'impression avec ann. ms.

THÉÂTRE-HÉBERTOT
CALIGULA
4 ACTES d'ALBERT CAMUS

MISE EN SCÈNE DE PAUL ŒTTLY
DÉCOR DE LOUIS MIQUEL
COSTUMES DE MARIE VITON

Marie Viton

4. Affiche, 1945.

avec, (dans l'ordre de leur entrée en scène) : FRANÇOIS DARBON _ GEORGES SAILLARD _ HENRY DUVAL _ GEORGES VITALY _ JEAN BARRÈRE _ MICHEL BOUQUET _ JEAN ŒTTLY _ GÉRARD PHILIPE _ MARGO LION _ FERNAND LIESSE _ NORBERT PIERLOT _ JACQUES LEDUC _ GUY FAVIÈRES _ JEAN FONTENEAU _ GEORGES CARMIER _ JEAN-CLAUDE ORLAY _ ROGER SALTEL _ JACQUELINE HÉBEL

Imp. S.A. COURBET-PARIS

TRICHER, REFUSER LA COMÉDIE

Meursault, le héros de *L'Étranger*, refuse de se prêter au jeu de la société ; il le paiera de sa vie. Jan, le héros du *Malentendu*, joue à se masquer quand il se présente à sa mère et à sa sœur ; lui aussi le paiera de sa vie. Auteur d'un meurtre, le premier fait figure de martyr ; victime d'un assassinat, le second passe aux yeux du spectateur pour un tricheur. Ne pas jouer avec les mots est une règle intangible de la morale camusienne.

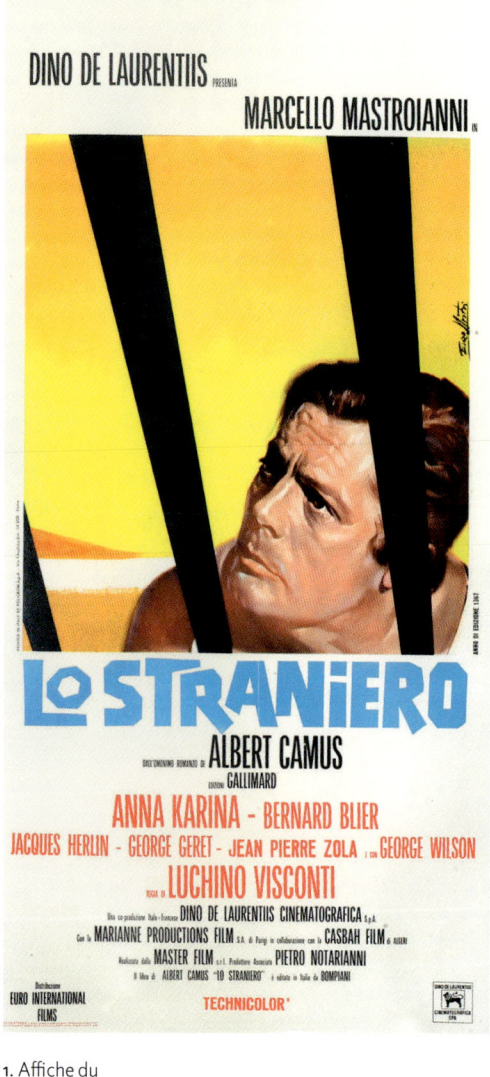

1. Affiche du film de Luchino Visconti d'après *L'Étranger*, avec Marcello Mastroianni dans le rôle de Meursault, 1967.

« *Entre ma paillasse et la planche du lit, j'avais trouvé, en effet, un vieux morceau de journal presque collé à l'étoffe, jauni et transparent. Il relatait un fait divers dont le début manquait, mais qui avait dû se passer en Tchécoslovaquie. Un homme était parti d'un village tchèque pour faire fortune. Au bout de vingt-cinq ans, riche, il était revenu avec une femme et un enfant. Sa mère tenait un hôtel avec sa sœur dans son village natal. Pour les surprendre, il avait laissé sa femme et son enfant dans un autre établissement, était allé chez sa mère qui ne l'avait pas reconnu quand il était entré. Par plaisanterie, il avait eu l'idée de prendre une chambre. Il avait montré son argent. Dans la nuit, sa mère et sa sœur l'avaient assassiné à coups de marteau pour le voler et avaient jeté son corps dans la rivière. Le matin, la femme était venue, avait révélé sans le savoir l'identité du voyageur. La mère s'était pendue. La sœur s'était jetée dans un puits. J'ai dû lire cette histoire des milliers de fois. D'un côté, elle était invraisemblable. D'un autre, elle était naturelle. De toute façon, je trouvais que le voyageur l'avait un peu mérité et qu'il ne faut jamais jouer.* »

L'ÉTRANGER, OC I, P. 187.

« Si l'homme veut être reconnu, il lui faut dire simplement qui il est. S'il se tait ou s'il ment, il meurt seul, et tout autour de lui est voué au malheur. »

PRÉSENTATION DU *MALENTENDU*,
DEUXIÈME VERSION DU FONDS CAMUS, OC I, P. 507.

2. Maria Casarès (Martha) et Marcel Herrand (Jan) dans *Le Malentendu* au Théâtre des Mathurins en juin 1944, dans une mise en scène de Marcel Herrand. Photographie de Roger Carlet.

ENTRE JEU ET SÉRIEUX

Les images d'Albert Camus sont tantôt celles d'un homme à l'air grave, voire tragique, tantôt celles d'un plaisantin qui fait le pitre. Les premières l'ont emporté auprès du grand public. Sérieux ou léger, lui-même sait bien, par métier a-t-on envie de dire, qu'on joue toujours plus ou moins la comédie. Il faut, pour approcher Camus, accepter à la fois le footballeur aux culottes courtes et le lauréat du prix Nobel en smoking.

« Mon Dieu ! Camus, que vous êtes sérieux et, pour employer un de vos mots, que vous êtes frivole ! »

JEAN-PAUL SARTRE, « RÉPONSE À ALBERT CAMUS », *LES TEMPS MODERNES*, 1952.

1. Albert Camus et sa fille Catherine.

2. *La Chute*, 1956, dactyl. avec corr. ms.

3. Albert Camus porté par les deux cousins Gallimard, Pierre et Michel.

4. À l'île Saint-Honorat, en 1945.

5. À Stockholm lors de la remise du Prix Nobel de littérature, le 10 décembre 1957.

LE FOOTBALLEUR

Grâce au sport, on se mesure avec soi-même et avec l'adversaire ; on découvre ses limites. La morale camusienne est tout entière fondée sur les lois du sport. Le football a aussi mis en valeur chez Albert Camus, autant que les bagarres de la cour d'école, une vertu qu'il avait héritée de son père : le courage. De la plage Padovani, où il nageait, au premier théâtre où il exerça, il n'y avait qu'un pas. Acteur sur le terrain et sur les planches, il devra se résigner à ne fréquenter que les secondes.

« Le corps, vrai chemin de la culture, il nous montre nos limites. »

CARNETS, 1937, OC II, P. 839.

1. Albert Camus (troisième à gauche au premier rang) avec une équipe oranaise en 1941.

« Nous devions jouer à la fois "correctement", parce que c'était la règle d'or du R.U.A., et "virilement" parce que, enfin, un homme est un homme. Difficile conciliation ! Ça n'a pas dû changer, j'en suis sûr. Le plus dur, c'est l'Olympique d'Hussein-Dey. Le stade est à côté du cimetière. Le passage était direct ; on nous le faisait savoir, sans charité. Quant à moi, pauvre gardien, on me travaillait au corps. Sans Roger [Couard], j'aurais souffert. Il y avait Boufarik [A.S. Boufarik] aussi, et cette espèce de gros avant-centre (chez nous on l'appelait Pastèque) qui atterrissait de tout son poids régulièrement sur mes reins, sans compter le reste. [...] Et puis je m'attendris. Oui, même Pastèque avait du bon. Du reste, soyons francs : nous lui avons rendu son compte. Mais sans tricher, car c'était la règle qu'on nous enseignait. Et je crois bien qu'ici je n'ai pas envie de plaisanter. Car, après beaucoup d'années où le monde m'a offert beaucoup de spectacles, ce que finalement je sais de plus sûr sur la morale et les obligations des hommes, c'est au sport que je le dois, c'est au R.U.A. que je l'ai appris. »

JOURNAL DU R.U.A., 15 AVRIL 1953.

2. « La belle époque », *Le R.U.A.*, 15 avril 1953. Pour la reparution du journal des supporters de son ancienne équipe de football, Camus donne un texte où il évoque son passé de footballeur avec un mélange d'humour et de gravité.

3. Au Parc-des-Princes, 23 octobre 1957.

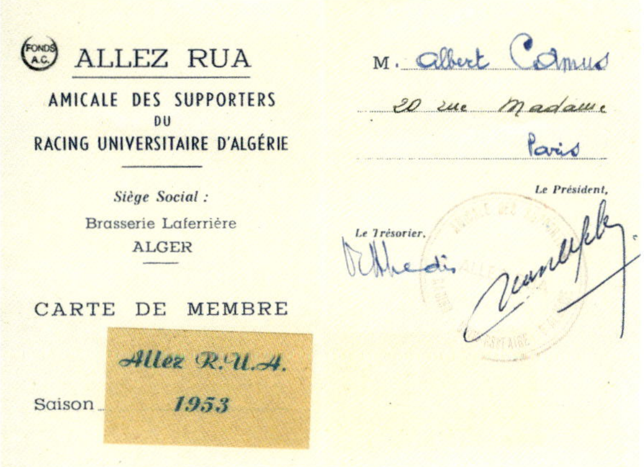

4. Carte de membre de l'Amicale des supporters du R.U.A., au nom d'Albert Camus, pour la saison 1953.

NOUVELLE SERIE N° 1
Mercredi 15 Avril 1953
20 francs

LE RUA

HEBDOMADAIRE SPORTIF UNIVERSITAIRE publié par **"ALLEZ-RUA"**

ORGANE DU RACING UNIVERSITAIRE D'ALGER, SECTION SPORTIVE DE L'A. G. DES ETUDIANTS

REDACTION - ADMINISTRATION :
10, Boulevard Baudin, 10
ALGER

« *Le RUA est ma cinquième Faculté* »
M. TAILLART, Recteur de l'Université d'Alger

Fondateurs : P. de ROCCA-SERRA
P. PERRIAU
Rédacteur en chef : Ed. BRUA.

Le "R.U.A." ressuscite

PARCE que le journal « LE RUA » ressuscite, il y aura des « falsos » pour dire : « Tiens, parbleu ! Le club traverse une crise grave. Son équipe première est dernière dans le championnat de football. C'est pourquoi les dirigeants décrètent le « RUA en danger ! »

Ceci est faux et tout le monde le sait.

Le vrai, c'est qu'il y a une crise grave qui met en danger l'existence du Sport amateur. Une gangrène qui ronge tout le football, qui gagne le basket, qui pollue les eaux de la natation.

Le vrai, c'est que le « RUA » est à peu près le seul club à refuser — héroïquement — de s'embourber dans ces terrains marécageux et de nager dans ces eaux troubles.

Le vrai, c'est que s'il est en queue du championnat départemental, c'est parce que, dans un monde sportif à l'envers, il est à la pointe du bon combat.

Mais une telle lutte, qui semble si naturelle et si facile aux anciens, nourris de pur idéal et de glorieux souvenirs, peut à de certains moments déconcerter et même décourager les jeunes, les nouveaux venus qui cherchent à comprendre leur époque.

Voilà pourquoi le « RUA » ressuscite.

La belle époque...

Un article d'Albert CAMUS

Oui, j'ai joué plusieurs années au RUA. Il me semble que c'était hier. Mais lorsqu'en 1940, j'ai remis les crampons, je me suis aperçu que ce n'était pas hier. Avant la finale de la première mi-temps, je tirais aussi fort la langue que les chiens kabyles qu'on rencontre à deux heures de l'après-midi, au mois d'août, à Tizi-Ouzou. C'était donc il y a longtemps. 1928 et la suite, je crois, j'avais débuté à l'Association Sportive Montpensier, Dieu sait pourquoi puisque j'habitais Belcourt et que le Gallia, Belcourt-Mustapha, c'est le Gallia. Mais j'avais un ami, un velu, qui nageait au port avec moi et qui faisait du water-polo à l'ASM. C'est comme ça que se décident les vies. L'ASM jouait le plus souvent au Champ de Manœuvres, sans raison visible là encore. Le terrain avait plus de bosses qu'un tibia d'avant-centre en visite au stade Alenda (Oran). J'appris tout de suite qu'une balle ne vous arrivait jamais du côté où l'on croyait. Ça m'a servi dans l'existence et surtout dans la métropole où l'on n'est pas franc du collier. Mais au bout d'un an poids lourd qui devait, selon l'usage, lui interdire de se baigner.

Où en étais-je ? Oui, le RUA. Je voulais bien y entrer, l'essentiel pour moi étant de jouer. Je piétinais d'impatience du dimanche au jeudi, jour d'entraînement, et du jeudi au dimanche, jour de match. Alors va pour les Universitaires. Et me voilà gardien de but de l'équipe junior. Oui, cela paraissait tout simple. Mais je ne savais pas que je venais de contracter une liaison qui allait durer des années, à travers tous les stades du département, et qui n'en finirait plus. Je ne savais pas que vingt ans après, dans les rues de Paris ou même de Buenos-Ayres (oui, ça m'est arrivé) le mot de RUA prononcé par un ami de rencontre me ferait encore battre le cœur, le plus bêtement du monde. Et puisque j'en suis aux confidences, je puis bien avouer qu'à Paris, par exemple, je vais voir les matches du Racing-Club de Paris, dont j'ai fait mon favori, uniquement parce qu'il porte le même maillot que le RUA, cerclé de bleu et de blanc. Il faut dire d'ailleurs que gne pas. Pauvres de nous, à tous les sens, dont une bonne moitié étaient fauchés comme les blés ! Il fallait donc faire face. Et nous devions jouer à la fois « correctement » parce que c'était la règle d'or du RUA et « virilement » parce qu'enfin un homme est un homme. Difficile conciliation ! Ça n'a pas dû changer, j'en suis sûr. Le plus dur, c'était l'Olympique d'Hussein-Dey. Le stade était à côté du cimetière. Le passage était direct, on nous le faisait savoir sans charité. Quant à moi, pauvre gardien, on me travaillait au corps. Sans Roger, j'aurais souffert. Il y avait Boufarik aussi, et cette espèce de gros avant-centre (chez nous on l'appelait Pastèque) qui atterrissait de tout son poids, régulièrement, sur mes reins, sans compter le reste : massage des tibias à coups de crampons, maillot retenu à la main, genou dans les parties nobles, sandwich contre le poteau, etc... Bref, un fléau. Et à chaque fois, Pastèque s'excusait d'un « Pardon, fils » avec un sourire franciscain.

Je m'arrête. J'ai passé déjà les limites fixées par Lefebvre. Et puis je

---

« *R.U.A. Bonheur de cette simple amitié dont j'ai vécu.* »

CARNETS, 25 FÉVRIER 1955, OC IV, P. 1220.

ALLEZ RUA
AMICALE DES SUPPORTERS
DU
RACING UNIVERSITAIRE D'ALGÉRIE

Siège Social :
Brasserie Laferrière
ALGER

CARTE DE MEMBRE

Allez R.U.A.
Saison 1953

M. Albert Camus
20 rue Madame
Paris

Le Trésorier,
Le Président,

ACTEUR ET METTEUR EN SCÈNE

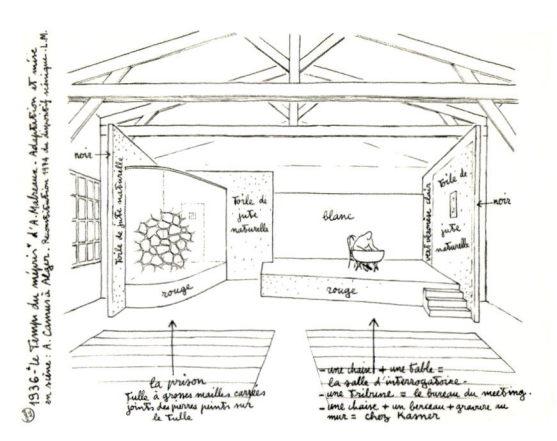

Sport et théâtre demeureront à jamais associés dans l'idéal d'Albert Camus et dans ses nostalgies. Les Algérois ont découvert son visage grâce aux pages sportives de la presse locale ; ils ont, sûrement sans se douter qu'il s'agissait du même, découvert sa voix parmi celles de la troupe de Radio-Alger. Il eut très tôt une vocation d'acteur (elle restera inaccomplie) et de metteur en scène (il s'y consacrera avec passion jusqu'à ses derniers jours).

1. Louis Miquel, reconstitution de 1974 du dispositif scénique du *Temps du mépris* d'André Malraux, adapté pour la scène par Albert Camus et joué par le Théâtre du Travail en 1936.

2. Liste de pièces jouées par le Théâtre de l'Équipe de 1935 à 1938, dactyl. : Malraux, Vildrac, Ben Jonson, Eschyle, Pouchkine, Gide et Gorki.

3. Avec la troupe de Radio-Alger en 1937. Albert Camus joue le rôle d'Olivier-le-Daim (premier à gauche) dans *Gringoire*, comédie de Théodore de Banville.

« *Je n'ai vraiment été sincère et enthousiaste qu'au temps où je faisais du sport, et, au régiment, quand je jouais dans les pièces que nous représentions pour notre plaisir. Il y avait dans les deux cas une règle du jeu, qui n'était pas sérieuse, et qu'on s'amusait à prendre pour telle. Maintenant encore, les matches du dimanche, dans un stade plein à craquer, et le théâtre, que j'ai aimé avec une passion sans égale, sont les seuls endroits du monde où je me sente innocent* »

CLAMENCE DANS *LA CHUTE*, OC III, P. 736-737.

« *Pour moi je n'ai connu que dans le sport d'équipe, au temps de ma jeunesse, cette sensation puissante d'espoir et de solidarité qui accompagne les longues journées d'entraînement jusqu'au jour du match victorieux ou perdu. Vraiment, le peu de morale que je sais, je l'ai appris sur les terrains de football et les scènes de théâtre qui resteront mes vraies universités.* »

« POURQUOI JE FAIS DU THÉÂTRE », OC. IV, P. 607.

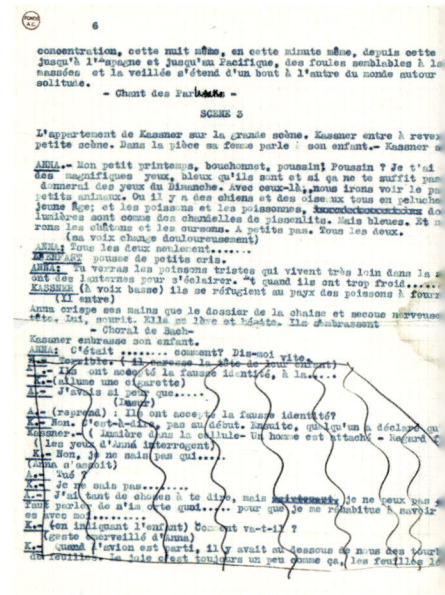

4. Adaptation pour la scène du *Temps du mépris* d'André Malraux par Albert Camus, dactyl. avec corr. ms.

5. Affiche du Théâtre de l'Équipe (1935-1938) avec le programme de la saison 1937-1938. On reconnaît les choix esthétiques de Camus (Shakespeare, Cervantès, Claudel, Malraux) qui cite de surcroît son maître Copeau : « Travail, recherche, audace. ».

Pour un theatre jeune

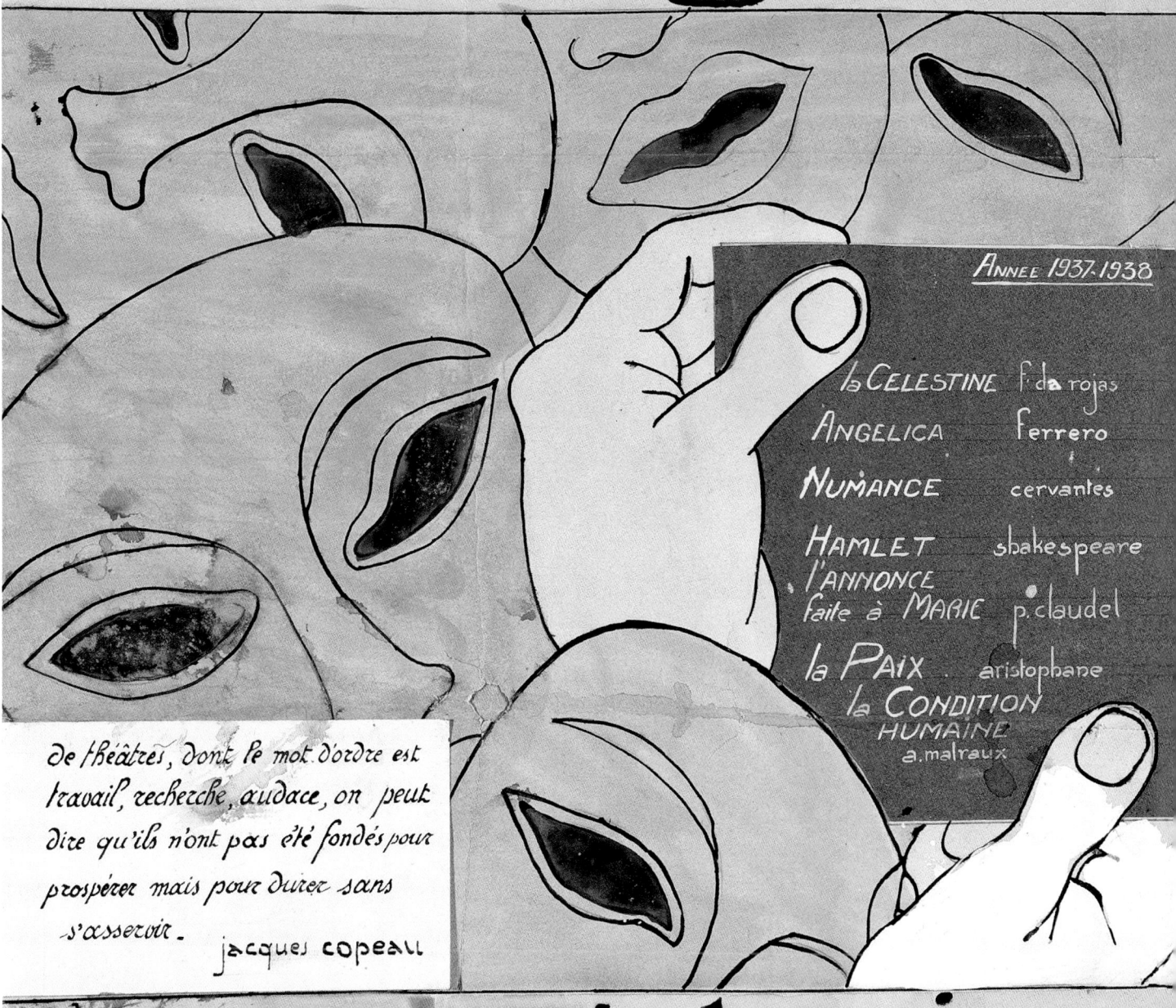

Année 1937-1938

- la CELESTINE — F. da rojas
- ANGELICA — Ferrero
- NUMANCE — cervantes
- HAMLET — shakespeare
- l'ANNONCE faite à MARIE — p. claudel
- la PAIX — aristophane
- la CONDITION HUMAINE — a. malraux

> de théâtres, dont le mot d'ordre est travail, recherche, audace, on peut dire qu'ils n'ont pas été fondés pour prospérer mais pour durer sans s'asservir.
> — jacques COPEAU

devenez ami de l'équipe

Adresser la correspondance et les cotisations au siège du théâtre

THEATRE DE L'EQUIPE
AUX VRAIES RICHESSES, 2 bis rue Charras
- ALGER -

LE DRAMATURGE ET SES ACTEURS

Être le grand dramaturge de son siècle fut l'ambition d'Albert Camus, à peine secrète ; ses échecs le conduisirent dans la voie des adaptations. Dans tous les cas, l'auteur qui crée une pièce et la met en scène travaille en équipe. Les vertus de la solidarité sont, au théâtre comme au sport ou en politique, au cœur de son idéal. Comme tous les auteurs de théâtre dignes de ce nom, il a aimé ses acteurs, et peut-être plus encore ses actrices. Sa carrière théâtrale est, comme celle de Racine, d'Alexandre Dumas et de tant d'autres, liée à de grandes figures féminines. Où la figure du dramaturge rejoint celle de Don Juan : aux deux, il faut de la générosité.

1. « Copeau, seul maître », note ms. non datée. Jacques Copeau (1879-1949) est le créateur du Théâtre du Vieux-Colombier (1913). Ses convictions seront adoptées par Camus dramaturge et metteur en scène : refus de la psychologie et des facilités de l'intrigue ; rôle capital de l'acteur qui doit « se posséder » pour libérer l'émotion grâce à la maîtrise de son métier.

« Le théâtre n'est pas un jeu, c'est là ma conviction. »
PRÉSENTATION DU *MALENTENDU*, VERSION DU *FIGARO LITTÉRAIRE*, OC I, P. 506.

« Voir un acteur entrer dans son rôle, l'habiter, l'entendre parler de la voix même qu'on avait entendue dans le silence et la solitude, c'est la plus grande joie qu'on puisse rencontrer dans ce métier. »

INTERVIEW À PARIS-THÉÂTRE, OC IV, P. 581

« Voir un acteur entrer dans son rôle, l'habiter, l'entendre parler de la voix même qu'on avait entendue dans le silence et la solitude, c'est la plus grande joie qu'on puisse rencontrer dans ce métier. »

« Mime du périssable, l'acteur ne s'exerce et ne se perfectionne que dans l'apparence. La convention du théâtre, c'est que le cœur ne s'exprime et ne se fait comprendre que par les gestes et dans le corps — ou par la voix qui est autant de l'âme que du corps. »

LE MYTHE DE SISYPHE, OC I, P. 274.

2. Avec l'actrice Tania Balachova lors d'une répétition des *Possédés*, au Théâtre des Mathurins en 1959. L'actrice joue le rôle de Varvara, la mère de Stavroguine.

« Ce lieu de grandeur peut devenir un lieu de bassesse. Est-ce une raison pour cesser de lutter ? Je ne le crois pas. Sous ces cintres, derrière ces toiles, erre toujours une vertu d'art et de folie qui ne peut périr et qui empêchera que tout se perde. Elle attend chacun d'entre nous. [...] Allons donc nous occuper du prochain spectacle. »

« POURQUOI JE FAIS DU THÉÂTRE ? », OC IV, P. 610.

3. Albert Camus dirigeant une répétition de *Caligula*, avec Gérard Philipe et Margo Lion en 1945.

4. « À l'acteur, qui est le principal, le principe, l'âme incarnée du spectacle... » Interview à *Paris-Théâtre*, ms.

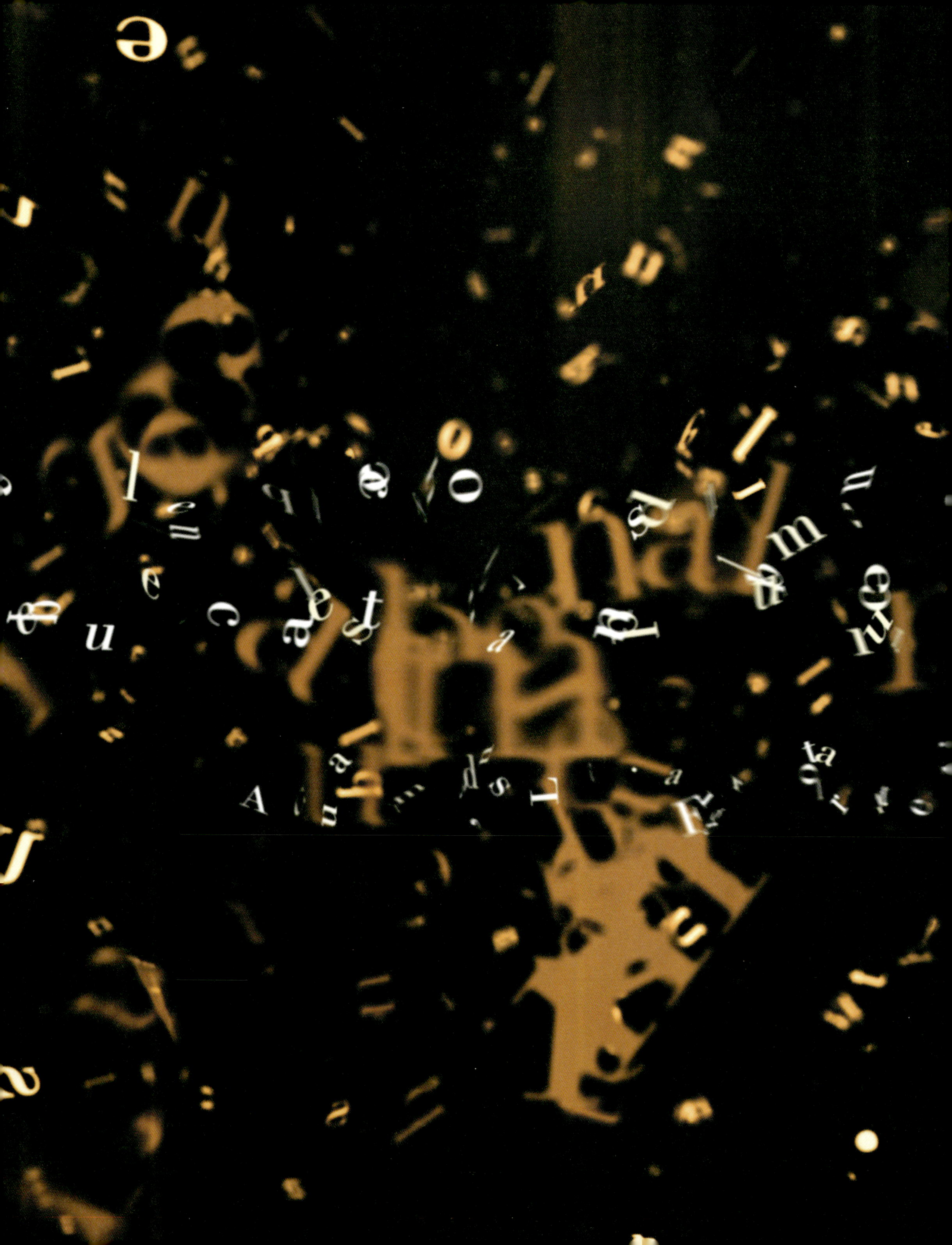

◆ 5 langage

- L'ÉTRANGETÉ DE LA LANGUE
- AUTOUR DU MALENTENDU
- « MAL NOMMER UN OBJET... »
- MENSONGES ET POLÉMIQUES
- « PARLER RÉPARE »
- LA CONQUÊTE DU STYLE

1. Répétition de *Requiem pour une nonne*, 1956.

« Il faut parler le langage de tous pour le bien de tous. »

LETTRE D'ALBERT CAMUS À CHARLES PONCET, 13 OCTOBRE 1955.

Que ce soit dans ses récits, son théâtre, ses essais ou ses articles, Albert Camus ne cesse de chercher ce qu'il nomme « le vrai langage » qui parviendra à unir les hommes et portera leurs espoirs de justice et de liberté. Ce « vrai langage » se conquiert lentement et avec obstination, car la réelle et fructueuse communication entre les êtres se heurte à de nombreux obstacles. Il y a en effet des mots qui divisent, trahissent et trompent comme il y a des silences qui emmurent.

La langue peut tout d'abord constituer un rempart à l'échange et à la compréhension quand elle est trop complexe pour les plus modestes et nécessite un apprentissage ou une traduction. Mais même ceux qui parviennent à la maîtriser sont confrontés à l'incommunicabilité propre à la condition humaine. Les hommes se parlent mais ne se comprennent pas. Ils peinent à sortir du malentendu : Meursault cherche souvent avec difficulté ses phrases et semble toujours en deçà de ce qu'il souhaite exprimer, Yanek et Dora sont impuissants à se dire leur amour et Jan pense en vain trouver « les mots qui arrangeront tout » face à une sœur sourde à ses appels. À tâtons, les êtres cherchent la formule. Au mieux ils s'ignorent et au pire, ils se déchirent et déclenchent la catastrophe : si les mots séparent, ils peuvent aussi tuer.

Ainsi dans les régimes totalitaires, quand le peuple n'est pas réduit au silence par le meurtre et la violence, il est la victime de la propagande et de la rhétorique perverse des idéologies. Dans les démocraties, il est d'autres travestissements pernicieux : discours nihiliste, artifices de la polémique chez les intellectuels parisiens, trahisons médiatiques ou incompréhension de la critique dont Camus fera parfois les frais, non sans colère. Clamence, personnage central de *La Chute*, incarne cette faillite linguistique dans tous ses excès : son délire verbal l'empêche de communiquer et de sortir du cercle mortifère du monologue.

Le vrai langage est au contraire précis et économe de mots pour résister, s'unir et partager. L'écrivain ne cesse d'en rêver au fil de ses carnets. Il le conquiert patiemment dans ses œuvres avec obstination et effort, au prix de continuelles réécritures. La création résulte d'un équilibre difficilement obtenu et toujours recherché entre la tentation du silence et l'exigence de l'expression. Le langage de l'écrivain comme du journaliste doit être simple, accessible à tous mais il est exigeant : il porte en effet la dénonciation des injustices, la révolte des hommes et leurs espoirs de bonheur et de liberté. Parler, écrire, trouver le mot juste pour dialoguer, c'est dans tous les cas habiter le monde, y peser et en révéler la beauté.

L'ÉTRANGETÉ DE LA LANGUE

Avant d'être la seule patrie revendiquée par l'écrivain devenu célèbre, la langue française est, pour l'enfant et pour sa famille modeste, une terre mystérieuse et parfois étrangère à conquérir. Mots écrits qu'il faut déchiffrer, termes complexes qu'il faut comprendre, tournures latines à traduire, formules de style apprises à l'école séduisent le jeune Camus en même temps qu'ils lui offrent un extraordinaire moyen d'évasion.

1. Albert Camus à quatorze ans.

2. *Le Premier Homme*, ms.

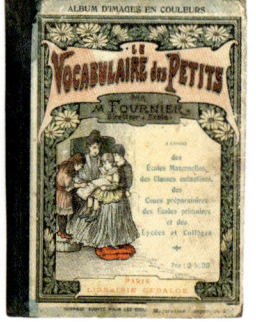

3 et 4. *Le Signe de Zorro* de Douglas Fairbanks (1920) et *Les Deux orphelines* de David W. Griffith (1921), deux films vus par le jeune Camus au cinéma à Alger.

5. *Le Vocabulaire des petits*, Librairie Gedalge, 1920.

« Dans un sens, elle était moins mêlée à la vie que son frère Ernest qui vivait avec eux, tout à fait sourd lui, et s'exprimant autant par onomatopées et par gestes qu'avec la centaine de mots dont il disposait. »
LE PREMIER HOMME, OC IV, P. 799.

« Les films, étant muets, comportaient en effet de nombreuses projections de texte écrit qui visaient à éclairer l'action. Comme la grand-mère ne savait pas lire, le rôle de Jacques consistait à les lui lire. […] De plus, malgré l'extrême simplicité de ces textes, beaucoup des mots qu'ils comportaient n'étaient pas familiers à la grand-mère et certains même lui étaient étrangers. »
LE PREMIER HOMME, OC IV, P. 798.

6. *La Mort heureuse*, dactyl. avec ann. ms.

« Mersault recherchait le mot, la phrase qui formulerait l'espoir de son cœur, où se clorait son inquiétude. Dans l'état de faiblesse où il était, il avait besoin de formules. La nuit et le jour passaient dans cette lutte obstinée avec le verbe, l'image qui désormais feraient toute la couleur de son regard devant la vie, le rêve attendri ou malheureux qu'il faisait de son avenir. »

LA MORT HEUREUSE, OC I, P. 1148.

7 et 8. Notes sur le langage prises par Albert Camus à l'université d'Alger dans les années 1930, ms.

« J'ai dit rapidement, en mêlant un peu les mots et en me rendant compte de mon ridicule, que c'était à cause du soleil. »

L'ÉTRANGER, OC I, P. 201.

AUTOUR DU MALENTENDU

Sortir du silence
pour aller vers
les autres
et découvrir
le monde est
indispensable ;
mais encore faut-il
trouver les mots
et être entendu.
Or nombreux sont
les malentendus :
ne pas écouter,
ne pas comprendre,
se tromper de mot
ou de destinataire...
les errances
du langage peuvent
faire sourire
mais aussi conduire
à de tragiques
erreurs.

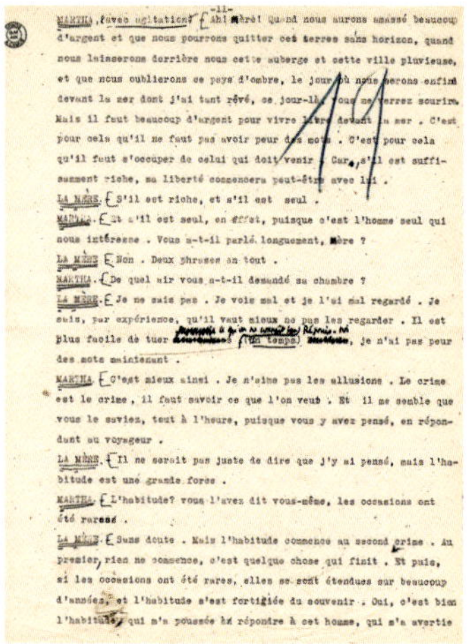

1. Camus présentant le programme du *Malentendu*, Théâtre Gramont, 1964.

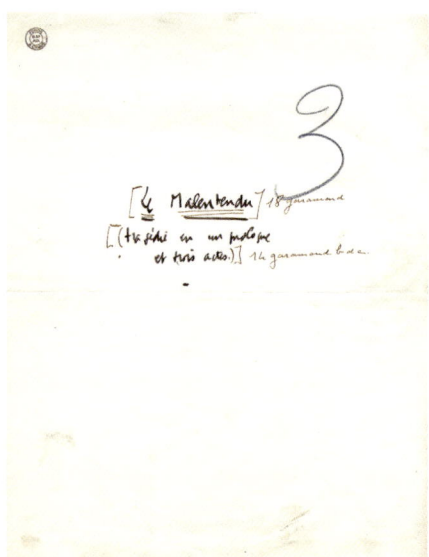

2 et 3. *Le Malentendu*, page de titre ms et feuillet dactyl. avec corr. ms., fin 1943.

« MARIA — Il voulait se faire reconnaître de vous, retrouver sa maison, vous apporter le bonheur, mais il ne savait pas trouver la parole qu'il fallait. Et pendant qu'il cherchait ses mots, on le tuait. »

LE MALENTENDU, OC I, P. 494.

« J'ai le sentiment que quelque chose dans mon langage n'a pas été compris et que cela est dû au public seulement. »

ALBERT CAMUS, *LE FIGARO LITTÉRAIRE*, 1944,
À PROPOS DU *MALENTENDU*.

« Tout le malheur de l'homme vient de ce qu'il ne sait pas prendre un langage simple. Si le héros du Malentendu avait dit "Voilà. C'est moi et je suis votre fils" le dialogue était possible et non plus en porte à faux comme dans la pièce. Il n'y avait plus de tragédie puisque le sommet de toutes les tragédies est dans la surdité des héros. De ce point de vue, c'est Socrate qui a raison contre Jésus et Nietzsche. Le progrès et la grandeur vraie est dans le dialogue à hauteur d'homme et non dans l'Évangile, monologué et dicté du haut d'une montagne solitaire. Voilà où j'en suis, en tout cas. Ce qui équilibre l'absurde, c'est la communauté des hommes en lutte contre lui. Et si nous choisissons de servir cette communauté, nous choisissons le dialogue jusqu'à l'absurde — contre toute politique du mensonge ou du silence. C'est comme cela qu'on est libre avec les autres. »

LETTRE À LOUIS GUILLOUX, 5 JANVIER 1946, *CORRESPONDANCE*, P. 33-34.

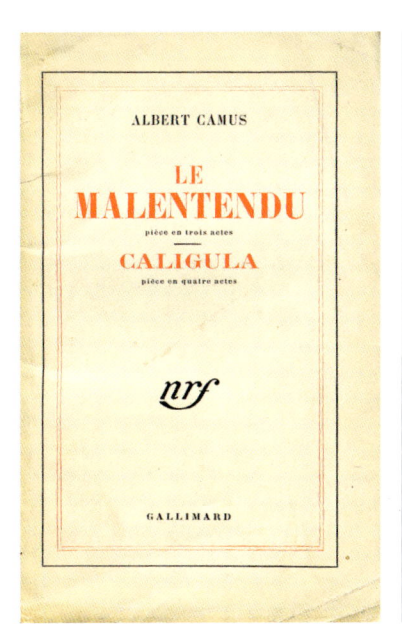

4. *Le Malentendu* suivi de *Caligula*, édition originale, Gallimard, 1944.

5 et 6. Maria Casarès (Martha) et Marcel Herrand (Jan) dans *Le Malentendu*, 1944 (coupures de presse). Photographies Roger Carlet.

« JAN, la prenant contre lui — *Laisse-moi aller. Je finirai par trouver les mots qui arrangeront tout.* »

LE MALENTENDU, OC I, P. 465.

« MAL NOMMER UN OBJET... »

Il est des usages pervertis du langage qui non seulement suscitent le malentendu mais surtout manipulent les hommes. La rhétorique totalitaire et la propagande en sont de tristes et célèbres exemples qu'Albert Camus n'a cessé de dénoncer, tant pour leur violence que pour leur laideur.

1. *L'État de siège*, programme du Théâtre Marigny, 1948. L'avant-propos de *L'État de siège* rédigé par Camus souligne l'importance du choix des mots pour l'écrivain.

2. *L'État de siège* au Théâtre Marigny, 1948.

3. L'équipe des acteurs de *L'État de siège*, Théâtre Marigny, 1948.

« Et je puis bien te dire que nous approchons de l'instant parfait où tout le monde parlera sans jamais trouver d'écho, et où les deux langages qui s'affrontent dans cette ville se détruiront l'un l'autre avec une telle obstination qu'il faudra bien que tout s'achemine vers l'accomplissement dernier qui est le silence et la mort. »

L'ÉTAT DE SIÈGE, OC III, P. 332.

« La logique du révolté est de vouloir servir la justice pour ne pas ajouter à l'injustice de la condition, de s'efforcer au langage clair pour ne pas épaissir le mensonge universel et de parier, face à la douleur des hommes, pour le bonheur. »

L'HOMME RÉVOLTÉ, OC III, P. 305.

« Mal nommer un objet, c'est ajouter au malheur de ce monde. »

« SUR UNE PHILOSOPHIE DE L'EXPRESSION », ACTUELLES, OC I, P. 908.

LE DIALOGUE ET LE VOCABULAIRE

Dans leur numéro de décembre, les Cahiers du Communisme, sous la signature de M. Georges Cogniot, agrégé, je crois, de l'Université, en même temps qu'ils me citent faussement, me qualifient de fasciste. Je dis bien " me qualifient " et non "me traitent", ce qui supposerait un de ces mouvements de passion qui se couronnent d'une injure sans conséquence. Non, ils me reconnaissent, comme naturellement et en passant, la fonction et l'état de fasciste. M. Cogniot écrit le fasciste Camus comme on dit l'enfant Jésus, le président Pinay, le juif Blum ou le nain Obéron.

Les écrivains de mon bord ont l'habitude d'injures semblables, venues de leurs interlocuteurs communistes. Après quelques tentatives, et au bout de quelques années, j'ai admis l'idée, pénible pour ma bonne volonté, qu'on ne pouvait répondre à quoi substituait, par système, l'insulte à l'argument. Ce qui a permis aux honnêtes gens des Temps Modernes de s'écrier que je refusais le dialogue et de s'indigner en toute loyauté du vilain racisme que supposait chez moi cette décision.

Après cela, on juge de mon embarras. Bouche ouverte, je suis qualifié de fasciste, bouche fermée, me voilà raciste. Comment dialoguer ? Il m'a fallu réfléchir et je voudrais consigner ici le résultat de mes réflexions. Pour clarifier les idées, il me faut dire d'abord que je ne suis vraiment pas fasciste. Je ne suis pas partisan du parti unique, organisé militairement, et parvenant à édifier un régime autoritaire sur le meurtre de toutes les libertés et, par conséquent, de toute justice. Je

- 5 -

empêcher qu'elle soit utilisée déjà par un groupe d'hommes. Aussitôt ce pas franchi, voyez la lumière. J'écrirai désormais le libéral M. Cogniot, le non-violent M. Vichynski, comme on pourra écrire l'antisémite Einstein et le fasciste Gandhi. Le libéralisme, la non-violence recevront une nouvelle acception dans l'instant même où les mots " dictature " et " haine " signifieront le contraire de ce qu'ils ont voulu dire jusque-là. Le dialogue du même coup redeviendra possible, peut-être même urbain. Et quand enfin un de nos nouveaux grammairiens, ou un de leurs complices, qualifiera un adversaire de fasciste, celui-ci pourra, la joie au coeur, lui envoyer sa carte, où il l'appellera (par pure politesse, on le comprendra bien) "mon cher confrère", et le remerciera d'avoir bien voulu reconnaître, et saluer par ce mot, la vocation d'un homme libre.

Albert Camus

P.S. - Dans leur dernier numéro, et alors que cet article était déjà terminé, Les Lettres Françaises publient un manifeste anglais pour la paix, lancé depuis plus d'un an et que j'ai signé, mais le présentent de telle sorte qu'on pourrait croire que les signataires de cet appel ont répondu favorablement à l'appel des écrivains retour de Vienne. Il n'en est rien naturellement. J'ai signé ce manifeste parce que, dans une attitude de totale indépendance, il déclarait que la guerre était pour l'Europe le pire des maux et aussi parce qu'il condamnait, en termes clairs, les excita-

MENSONGES ET POLÉMIQUES

À chaque époque ses sophistes capables de tordre les phrases et de fausser le sens des mots pour défendre n'importe quelle cause avec une mauvaise foi sans pareille : à partir de 1951, avec la parution de l'essai *L'Homme révolté* puis à chaque fois qu'il donnera son opinion sur le conflit algérien, Camus va s'épuiser dans des polémiques plus ou moins vaines mais blessantes. Cela le rendra d'autant plus soucieux de parler un « vrai langage » afin de dialoguer.

1. *L'Homme révolté*, édition originale, Gallimard, 1951.

« Mais il y a une interrogation primordiale qui doit porter sur la valeur même des mots que nous prononçons. Il s'agit de savoir si notre langage est mensonge où vérité : c'est la question que pose Parain. »

« SUR UNE PHILOSOPHIE DE L'EXPRESSION », *ACTUELLES*, OC I, P. 901.

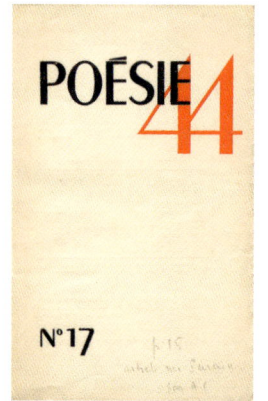

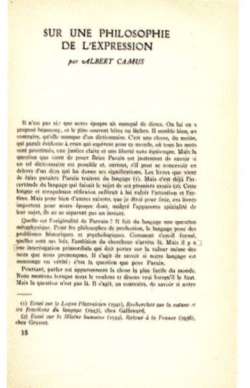

« Le XXᵉ siècle est le siècle de la polémique et de l'insulte. Elle tient, entre les nations et les individus, et au niveau même des disciplines autrefois désintéressées, la place que tenait traditionnellement le dialogue réfléchi. [...] Elle consiste à considérer l'adversaire en ennemi, à le simplifier par conséquent et à refuser de le voir. Celui que j'insulte, je ne connais plus la couleur de son regard, ni s'il lui arrive de sourire et de quelle manière. Devenus aux trois quarts aveugles par la grâce de la polémique, nous ne vivons plus parmi des hommes, mais dans un monde de silhouettes. »

« LE TÉMOIN DE LA LIBERTÉ », *ACTUELLES*, OC II, P. 490-491. ALLOCUTION PRONONCÉE SALLE PLEYEL, 1948.

2 et 3. « Sur une philosophie de l'expression », *Poésie 44*, Pierre Seghers, 1944. Dans cet article, Camus fait référence aux écrits de Brice Parain, philosophe du langage, qui deviendra son ami.

4. Chez Brice Parain. De gauche à droite, Janine Gallimard, Albert Camus, Brice Parain, Francine Camus, Nathalie Parain.

« *La vraie destruction du langage, que le surréalisme a souhaitée avec tant d'obstination, ne réside pas dans l'incohérence ou l'automatisme. Elle réside dans le mot d'ordre.* »

«SURRÉALISME ET RÉVOLUTION», *L'HOMME RÉVOLTÉ*, OC III, P. 141.

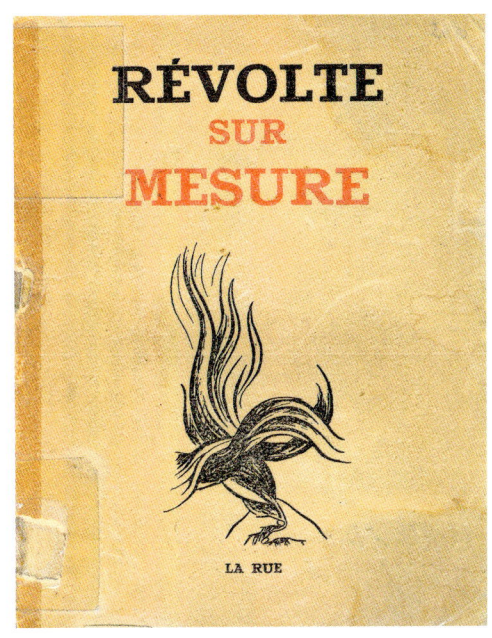

5 et 6. *Révolte sur mesure*, Marseille, La Rue, 1952. Critique de *L'Homme révolté* par les surréalistes. La parution anticipée de quelques pages de *L'Homme révolté* avait déclenché un vif échange entre André Breton et Albert Camus.

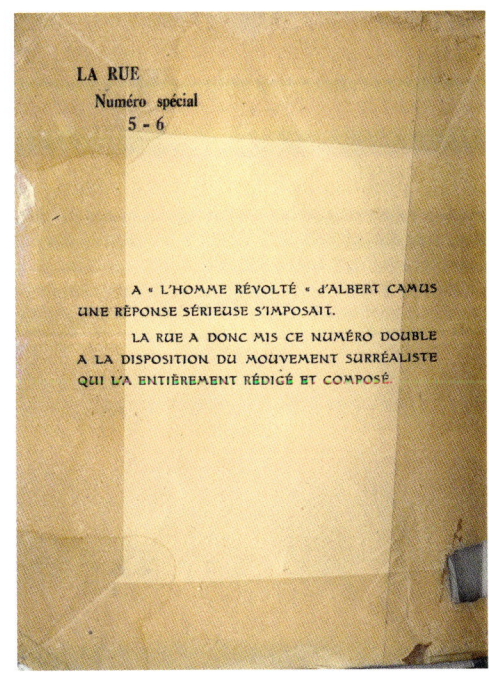

7. André Breton en 1939. Photographie de Gisèle Freund.

« *Mentir ce n'est pas seulement dire ce qui n'est pas. C'est aussi, c'est surtout dire plus que ce qui est et, en ce qui concerne le cœur humain, dire plus qu'on ne sent. C'est ce que nous faisons tous, tous les jours, pour simplifier la vie.* »

PRÉFACE À L'ÉDITION UNIVERSITAIRE AMÉRICAINE DE *L'ÉTRANGER*, OC I, P. 215.

« PARLER RÉPARE »

Pour Albert Camus, l'art unit les hommes, leur parle de grandeur et lutte contre toutes les injustices en espérant les atténuer. À la croisée du silence de tous les muets du monde et du cri des révoltés, l'œuvre fait du désespoir et de la douleur un chant qui fonde une communauté humaine par l'émotion partagée. Qu'il soit journaliste, orateur, intellectuel engagé, romancier et en un mot poète dans la cité, Camus n'a cessé de prôner le dialogue et l'échange pour sauver les hommes et transcender leur destin.

1. Conférence en Amérique du Sud, 1949.

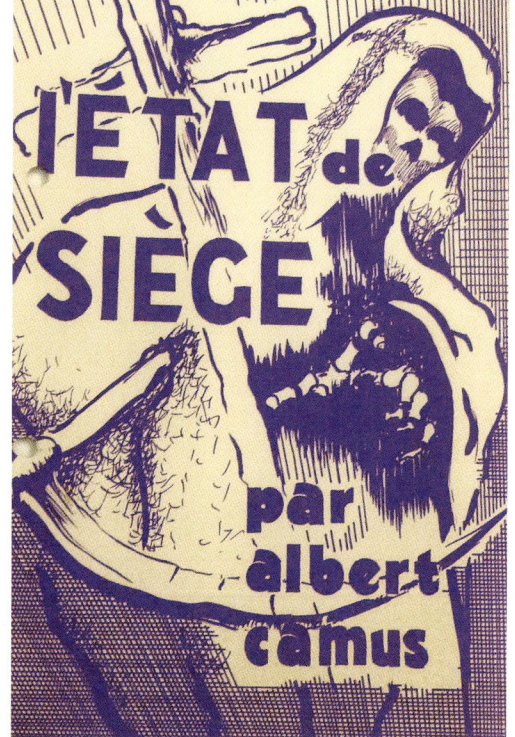

« La complicité et la communication découvertes par la révolte ne peuvent se vivre que dans le libre dialogue. Chaque équivoque, chaque malentendu suscite la mort ; le langage clair, le mot simple, peut seul sauver de cette mort. Le sommet de toutes les tragédies est dans la surdité des héros. [...] À la scène comme à la ville, le monologue précède la mort. »

« LE MEURTRE NIHILISTE », *L'HOMME RÉVOLTÉ*, OC III, P. 304.

2. Affiche de *L'État de siège*.

3. Jean-Louis Barrault dans *L'État de siège*. Caricature de Maurice Henry.

« À des temps nouveaux, il faut, sinon des mots nouveaux, du moins
des dispositions nouvelles de mots. Ces arrangements, il n'y a que le cœur pour
les dicter, et le respect que donne le véritable amour. C'est à ce prix seulement
que nous contribuerons, pour notre faible part, à donner à ce pays
le langage qui le fera écouter. »

COMBAT, 8 SEPTEMBRE 1944, *ACTUELLES*, OC I, P. 388.

> exigence d'impossible mise en forme. Lorsque le cri le plus
> déchirant trouve son langage le plus ferme, la révolte trouve
> dans sa fidélité à elle-même une force de création. Bien

« Ce qui caractérise notre siècle,
ce n'est peut être pas tant d'avoir
à reconstruire le monde que d'avoir
à le repenser. Cela revient à lui donner
son langage. »

« SUR UNE PHILOSOPHIE DE L'EXPRESSION »,
ACTUELLES, OC I, P. 909.

4. Devant *Combat*,
100, rue Réaumur
à Paris.

5. « Révolte et art »,
L'Homme révolté,
dactyl. avec corr.
ms.

6. *Combat*,
6 octobre 1944.

LA CONQUÊTE DU STYLE

Pour parvenir à susciter la communion émotive, l'écrivain doit se séparer un temps des hommes et chercher la formule, seul, patiemment, parfois dans la douleur et le doute. Les carnets et manuscrits de Camus témoignent de ce travail lent et hésitant mais aussi de ces fulgurances du style. Entre phrases lyriques et sobriété classique, l'écriture de Camus tresse les fils du langage pour peser sur le monde et y cheminer avec les hommes.

1. « Cahier III », *Carnets I*, 1939-février 1940, dactyl avec corr. ms.

« Si, malgré tant d'efforts pour édifier un langage et faire vivre des mythes, je ne parviens pas un jour à récrire L'Envers et l'Endroit, je ne serai jamais parvenu à rien, voilà ma conviction obscure. Rien ne m'empêche en tout cas de rêver que j'y réussirai, d'imaginer que je mettrai encore au centre de cette œuvre l'admirable silence d'une mère et l'effort d'un homme pour retrouver une justice ou un amour qui équilibre ce silence. »

PRÉFACE POUR *L'ENVERS ET L'ENDROIT*, OC I, P. 38.

2. « À Michel L'ENVERS ET Janine L'ENDROIT. Ces premiers vagissements d'un temps où je ne les connaissais pas mais les attendais. Avec toute l'affection d'A.C. » Envoi à Michel et Janine Gallimard, 1958.

3. Préface de *L'Envers et l'Endroit*, dactyl avec corr. ms. Si Camus ironise sur les affres du créateur en quête de perfection stylistique, il souligne aussi que toute œuvre se nourrit de réécritures successives et puise inlassablement dans son origine.

« Je crois, Albert,
que nous avons bien
et beaucoup marché
ensemble depuis quelques
années... Nos semelles
ont écrasé nombre
de mots inutiles. »

LETTRE DE RENÉ CHAR À ALBERT CAMUS, 23 AOÛT 1952.

« Je crois, Albert,
que nous avons bien
et beaucoup marché
ensemble depuis quelques
années... Nos semelles
ont écrasé nombre
de mots inutiles. »

LETTRE DE RENÉ CHAR À ALBERT CAMUS, 23 AOÛT 1952.

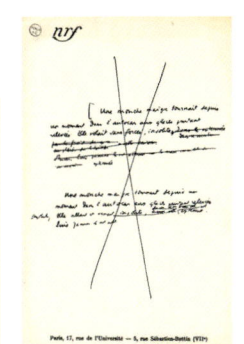

4, 5 et 6. « La Femme adultère », *L'Exil et le Royaume* : divers états manuscrits du début de la nouvelle.

7. Lettre de René Char à Albert Camus, 23 août 1952, ms.

« Et cette recherche d'un langage intelligible qui doit recouvrir la démesure de son destin, le conduit à dire non pas ce qui lui plaît, mais seulement ce qu'il faut. Une grande partie du génie romanesque français tient dans cet effort éclairé pour donner aux cris des passions l'ordre d'un langage pur. »

À PROPOS DE *LA PRINCESSE DE CLÈVES*, DANS « L'INTELLIGENCE ET L'ÉCHAFAUD », 1965, OC I, P. 896.

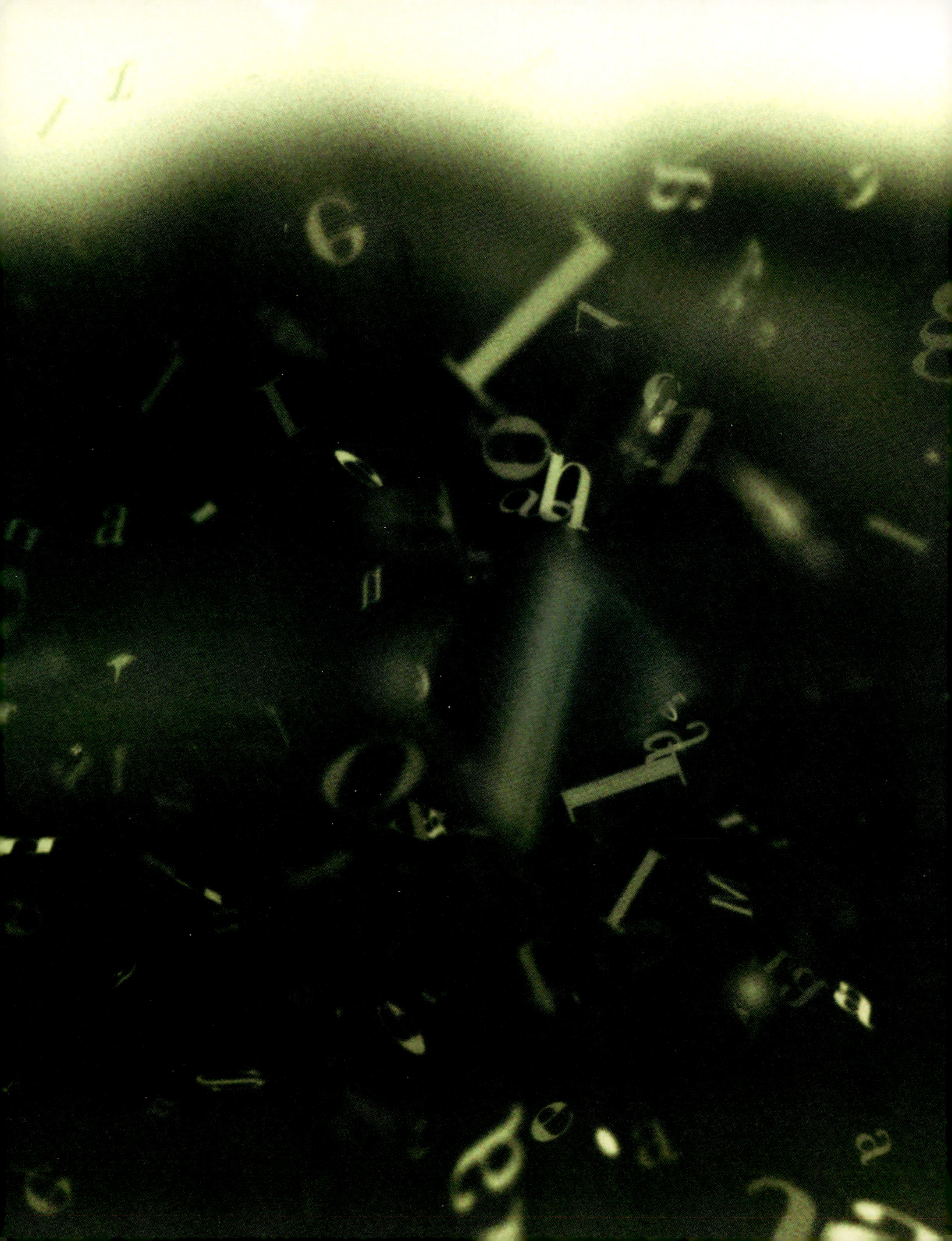

◆ 6 Guerre

- SOUVENIRS D'UN PÈRE SOLDAT
- LA GRANDE GUERRE
- LA GUERRE D'ESPAGNE
- LA DEUXIÈME GUERRE MONDIALE
- RÉSISTANCE ET LIBÉRATION
- LA GUERRE FROIDE
- VERS LA DÉCOLONISATION
- LA GUERRE D'ALGÉRIE

À *Combat* avec Jacques Baumel et le colonel Berger, alias André Malraux, le 21 septembre 1944. Photographie de René Saint-Paul.

> « J'ai grandi, avec tous les hommes de mon âge, aux tambours de la Première Guerre et notre histoire, depuis, n'a cessé d'être meurtre, injustice ou violence. »
>
> « L'ÉNIGME », *L'ÉTÉ*, OC III, P. 606.

Albert Camus n'avait pas encore un an quand son père, mortellement blessé à la première bataille de la Marne, fut enterré à Saint-Brieuc. Il n'ira que beaucoup plus tard se recueillir sur sa tombe. Mais comme Jacques Cormery, le héros du *Premier Homme*, il dut être marqué dès ses années d'école par les souffrances des héros de la Grande Guerre, et il se souviendra toujours de ce qu'aurait dit son père en découvrant les humiliations infligées par des combattants à leurs ennemis : « Un homme ça s'empêche. » À l'époque où Camus devient adulte, la montée des totalitarismes européens menace à nouveau la paix. La guerre civile espagnole prélude à la Seconde Guerre mondiale ; de la défaite des républicains et de la dictature instaurée par Franco, Camus ne se consolera jamais. On le surprend à se ranger, en 1939, aux côtés des rêveurs qui s'obstinent à parier sur la bonne foi de Hitler et de ses alliés ; mais aussitôt que le conflit éclate, son pacifisme cède aux exigences du patriotisme et de la justice. N'ayant pu, en raison de sa santé, revêtir l'uniforme, il mènera dans la clandestinité un courageux combat de journaliste.

Au lendemain de l'explosion d'Hiroshima, il est un des rares commentateurs à manifester plus d'effroi que de soulagement. Il est aussi de ceux qui ne trouvent nullement fantaisiste, en 1948, la propagande pacifiste de Garry Davis, « citoyen du monde ». Au début des années 1950, on craint que la « guerre froide » ne débouche sur une troisième guerre mondiale ; au Parti communiste, autoproclamé « parti de la paix », Camus s'oppose alors d'autant plus fermement que l'idéal soviétique s'appuie sur un régime de terreur comparable à celui que le monde libre croyait avoir écrasé en 1945.

Comment s'étonnerait-il qu'éclatent en novembre 1954 les « événements d'Algérie » ? Il a prédit jadis que seule la justice sauverait l'Algérie de la haine. Cette guerre, pour l'appeler par son nom, il la vivra comme une tragédie. Le droit, selon lui, n'est ni du côté du F.L.N., qui use d'un terrorisme aveugle pour exclure les Français d'un pays qu'ils peuvent, autant que les Arabes, considérer comme le leur, ni du côté des autorités françaises, qui recourent à la répression pour perpétuer les injustices du colonialisme. Déchiré, Camus, après mai 1958, se réfugie dans le silence. Il laisse entendre, dans *Le Premier Homme*, que la guerre a toujours existé, non seulement en Algérie, mais depuis Abel et Caïn. Faut-il s'y résigner ? Puisqu'on ne peut empêcher la violence, au moins faut-il lui imposer des limites. « Un homme ça s'empêche ». La morale du soldat vaut pour l'ensemble de la pensée et de l'œuvre de Camus.

SOUVENIRS D'UN PÈRE SOLDAT

Albert Camus avait moins d'un an quand son père fut tué, trois mois après le début de la Grande Guerre ; il n'ira que beaucoup plus tard se recueillir sur sa tombe. La veuve Camus avait gardé comme une relique l'éclat d'obus qui avait frappé son mari, mais elle n'eut jamais qu'une vague idée de la lointaine métropole où il était parti combattre pour défendre l'Alsace, cette province où, fidèle à une légende familiale, Albert crut toujours qu'étaient nés ses ancêtres paternels.

1. Certificat de bonne conduite établi par la Commission spéciale du Premier Régiment de zouaves au nom de Lucien Camus, 26 août 1908.

2. Lucien Camus, père d'Albert, en uniforme de zouave.

« L'éclat d'obus qui avait ouvert la tête de son père était dans une petite boîte de biscuits derrière les mêmes serviettes de la même armoire, avec les cartes écrites du front et qu'il pouvait réciter par cœur dans leur sécheresse et leur brièveté. "Ma chère Lucie. Je vais bien. Nous changeons de cantonnement demain. Fais bien attention aux enfants. Je t'embrasse. Ton mari". »

LE PREMIER HOMME, OC IV, P. 778.

3. *Le Premier Homme*, sommaire mentionnant la scène se déroulant à Saint-Brieuc, où le père d'Albert Camus a été enterré, ms.

4. Zouaves d'Afrique du Nord servant dans l'armée française pendant la guerre de 1914-1918.

« "Il était dans les zouaves ? / — Oui. Il a fait la guerre au Maroc." / C'était vrai. Il avait oublié. 1905, son père avait vingt ans. Il avait fait, comme on dit, du service actif contre les Marocains. Jacques se souvenait de ce que lui avait dit le directeur de son école lorsqu'il l'avait rencontré quelques années auparavant dans les rues d'Alger. M. Levesque avait été appelé en même temps que son père. Mais il n'était resté qu'un mois dans la même unité. Il avait mal connu Cormery selon lui, car ce dernier parlait peu. Dur à la fatigue, taciturne, mais facile à vivre et équitable. »

LE PREMIER HOMME, OC IV, P. 778.

« C'est alors qu'ils avaient vu le corps aux jambes écartées, le pantalon de zouave fendu et le milieu de la fente, dans le reflet cette fois indirect de la lune, cette flaque marécageuse. [...] Levesque, qui réfléchissait, avait répondu que pour eux c'était ainsi que devaient agir les hommes, qu'on était chez eux, et qu'ils usaient de tous les moyens. Cormery avait pris son air buté. "Peut-être. Mais ils ont tort. Un homme ne fait pas ça." Levesque avait dit que pour eux, dans certaines circonstances, un homme doit tout se permettre et tout détruire. Mais Cormery avait crié comme pris de folie furieuse : "Non, un homme ça s'empêche — voilà ce qu'est un homme, ou sinon..." »

LE PREMIER HOMME, OC IV, P. 779.

LA GRANDE GUERRE

Albert Camus venait juste d'avoir cinq ans le jour où fut signé l'Armistice du 11 novembre. L'instituteur de son école communale, Louis Germain, cultivera chez ses élèves la mémoire des victimes de la guerre. Comme tant d'enfants de son âge, Albert est orphelin. Quant aux soldats revenus du front, beaucoup y ont laissé un bras ou une jambe. La guerre tue et mutile. L'enfant l'accepte comme une fatalité somme toute naturelle.

1. *Le Premier Homme*, ms.

2. Roland Dorgelès, *Les Croix de bois*, Albin Michel, édition de 1931. Selon *Le Premier Homme*, ce livre était lu à haute-voix devant la classe par Louis Germain.

« Mais surtout [le maître] leur parlait de la guerre encore toute proche et qu'il avait faite pendant quatre ans, des souffrances des soldats, de leur courage, de leur patience et du bonheur de l'armistice. À la fin de chaque trimestre, avant de les renvoyer en vacances, et de temps en temps, quand l'emploi du temps le permettait, il avait pris l'habitude de leur lire de longs extraits des Croix de bois *de Dorgelès*. »

LE PREMIER HOMME, OC IV, P. 831.

3. Gueules cassées de la guerre de 1914-1918 devant un corbillard, années 1920.

4. Centre d'hébergement des Invalides de guerre à Kouba, en Algérie. Carte postale.

« Mme Marlon leur avait expliqué que ces hommes avaient perdu un bras ou une jambe à la guerre, et la guerre justement faisait partie de leur univers, ils n'entendaient parler que d'elle, elle avait influé sur tant de choses autour d'eux qu'ils comprenaient sans peine qu'on pût y perdre bras ou jambe, et que même on pût la définir justement comme une époque de la vie où les jambes et les bras se perdaient. C'est pourquoi cet univers d'éclopés n'était nullement triste pour les enfants. »

LE PREMIER HOMME, OC IV, P. 886.

LA GUERRE D'ESPAGNE

D'origine espagnole par sa mère, née Sintès, Albert Camus vit comme un drame personnel les trois années de guerre civile qui déchirent l'Espagne. Quand le conflit est sur le point de s'achever, on le voit solidaire des Catalans vaincus après une résistance désespérée aux troupes du général Franco. L'ancien Premier ministre de la République espagnole Santiago Casares Quiroga a dû se réfugier en France avec sa famille en novembre 1936. Sa deuxième fille s'appelle Maria Casarès.

« Dans l'indignation qui, en 1936, prenait nos cœurs pourtant non prévenus, il y avait le sentiment qu'une injustice venait de se commettre qui devait disparaître au plus vite si l'on ne voulait pas qu'elle reste au flanc de l'Europe, comme une plaie dont la pourriture irait s'élargissant. »

L'ESPAGNE LIBRE, 1946, OC II, P. 666.

1 et 2. Photogrammes extraits du film *Espoir. Sierra de Teruel* d'André Malraux, sorti en France en 1945.

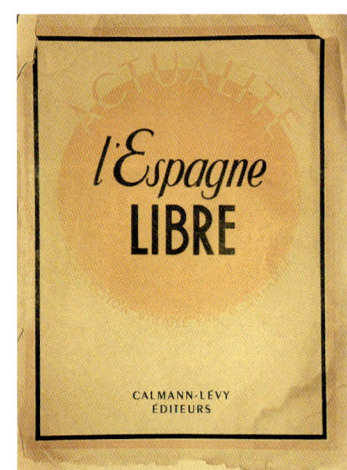

3. *L'Espagne libre*, Calmann-Lévy, 1946. Dans cet unique numéro de la revue *Actualité* qu'il dirige, Georges Bataille rassemble des contributions de divers écrivains, dont Maurice Blanchot, Ernest Hemingway, Jean Cassou ; Albert Camus en écrit la préface.

4. *Carnets*, mars 1940, dactyl avec corr. ms.

Le petit soldat espagnol au restaurant. Pas un mot de français et ce désir de chaleur humaine quand il s'adresse à moi. Paysan, D'Estremadure, combattant républicain, camp de concentration d'Argelès, engagé dans l'armée française. Quand il prononce le nom de l'Espagne, il a tout son ciel dans les yeux. Il a huit jours de permission. Il est venu à Paris qui l'a broyé en quelques heures. Sans un mot de français, s'égarant dans le métro, étranger, étranger à tout ce qui n'est pas sa terre, sa joie sera de retrouver ses amis du régiment. Et même s'il doit crever sous un ciel bas et des boues grasses, ce sera du moins côte à côte avec des hommes de son pays.

Cette ville est une terrible mangeuse d'hommes.

5. Affiche du film *Espoir. Sierra de Teruel* d'André Malraux, 1945.

« Vous avez oublié que les premières armes de la guerre totalitaire ont été trempées dans le sang espagnol. Vous avez oublié qu'en 1936, un général rebelle a levé, au nom du Christ, une armée de Maures, pour les jeter contre le gouvernement légal de la République espagnole, a fait triompher une cause injuste après d'inexpiables massacres et commencé dès lors une atroce répression qui a duré dix années et qui n'est pas encore terminée. »

« POURQUOI L'ESPAGNE ? », RÉPONSE À GABRIEL MARCEL, *COMBAT*, DÉCEMBRE 1948, OC II, P. 485.

« Vingt ans après la guerre d'Espagne des hommes ont voulu se réunir pour dire leur fidélité à la république vaincue. Le temps ni l'oubli, qui sont les grands auxiliaires des réactionnaires de droite ou de gauche, n'ont rien pu contre cette image intacte, en nous, de l'Espagne libre et enchaînée. La Deuxième Guerre mondiale, l'Occupation, la Résistance, la guerre froide, le drame algérien et le malheur français d'aujourd'hui n'ont rien enlevé à cette sourde souffrance que traînent les hommes de ma génération, à travers leur histoire haletante et monotone, depuis le meurtre de la République espagnole. »

« FIDÉLITÉ À L'ESPAGNE », 1956, OC III, P. 988.

LA DEUXIÈME GUERRE MONDIALE

1. Mobilisation gare de l'Est à Paris le 25 août 1939.

2. Affiches de la mobilisation, 1939.

3. Francine et Albert Camus avec Pascal Pia, témoin à leur mariage à Lyon le 3 décembre 1940.

Il faut, pour sauver la paix, préparer la guerre, mais surtout miser sur la bonne volonté de toutes les nations : quelques mois avant le début du conflit de 1939-1945, Albert Camus partage encore ce qui apparaîtra bientôt, devant la résolution sans faille des totalitarismes, comme une illusion pacifiste. Sa santé lui interdit de participer au combat militaire. Il est à Alger au début de la guerre ; à Clermont-Ferrand quand commence l'Occupation ; à Oran en 1941 ; près du Chambon-sur-Lignon lors du débarquement des Alliés en Afrique du Nord.

« L'Europe actuelle prépare la guerre pour sauver la paix. Elle accumule les cartes économiques et les cartes stratégiques. Mais cela ne peut sauver la paix que si cette volonté de salut s'exprime aussi par des actes dont le premier serait une conférence internationale où les gouvernements viendraient après avoir renoncé à leurs égoïsmes nationaux. »

« PAS DE GUERRE », 24 MAI 1939, OC I, P. 651.

« La guerre a éclaté. Où est la guerre ? En dehors des nouvelles qu'il faut croire et des affiches qu'il faut lire, où trouver les signes de l'absurde événement ? Elle n'est pas dans ce ciel bleu sur la mer bleue, dans ces crissements de cigales, dans les cyprès des collines. Ce n'est pas ce jeune bondissement de lumière dans les rues d'Alger. »

CARNETS, SEPTEMBRE 1939, OC II, P. 884.

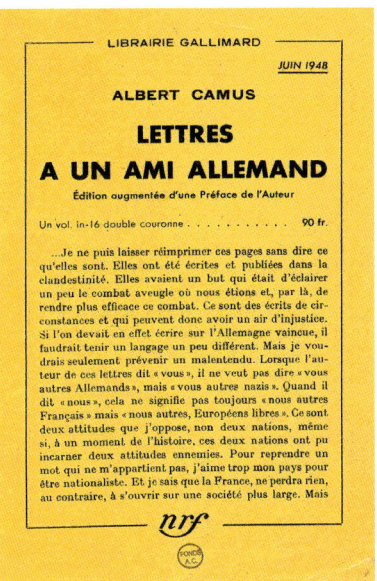

4. Prière d'insérer aux *Lettres à un ami allemand*, juin 1945.

5. Camp de Vught en Hollande, document conservé par Albert Camus.

« Beaucoup d'entre nous n'avaient pas bien compris les hommes de 1914. Nous sommes plus près d'eux maintenant, car nous savons qu'on peut faire une guerre sans y consentir. Nous savons qu'à une certaine extrémité du désespoir, l'indifférence surgit et avec elle le sens et le goût de la fatalité. »

« LA GUERRE », 17 SEPTEMBRE 1939, OC I, P. 755.

« Dans cette nuit d'Europe où courent les souffles de l'été, des millions d'hommes armés ou désarmés se préparent au combat. L'aube va poindre où vous serez enfin vaincus. Je sais que le ciel qui fut indifférent à vos atroces victoires le sera encore à votre juste défaite. Aujourd'hui encore, je n'attends rien de lui. Mais nous aurons du moins contribué à sauver la créature de la solitude où vous vouliez la mettre. Pour avoir dédaigné cette fidélité à l'homme, c'est vous qui, par milliers, allez mourir solitaires. Maintenant, je puis vous dire adieu. »

LETTRES À UN AMI ALLEMAND, JUILLET 1944, OC II, P. 29

« De là, en contournant le quartier juif, vous trouverez ces belles avenues où défilent des tramways chargés de fleurs et de musiques tonitruantes. Votre hôtel est sur l'une d'elles, le Damrak. Après vous, je vous en prie. Moi, j'habite le quartier juif, ou ce qui s'appelait ainsi jusqu'au moment où nos frères hitlériens y ont fait de la place. Quel lessivage ! Soixante-quinze mille juifs déportés ou assassinés, c'est le nettoyage par le vide. »

CLAMENCE, DANS *LA CHUTE*, OC III, P. 701.

RÉSISTANCE ET LIBÉRATION

Les deux dernières années du conflit, Albert Camus les vit à Paris, engagé à partir de décembre 1943 au marbre du journal *Combat*, clandestin jusqu'à la libération de la capitale. Il y écrit non seulement sur la guerre, mais sur la révolution morale qu'il faudra mener après la victoire. Dans nos départements de l'Est, et au-delà du Rhin, il est témoin, après l'Armistice, des désastres causés par le conflit. La bombe d'Hiroshima lui inspire de sombres pressentiments sur l'avenir de l'humanité. La leçon qui conclut *La Peste* (1947) est en germe dans les réflexions du journaliste de *Combat*.

1. Faux-papiers d'Albert Camus au nom d'Albert Mathé, datés du 20 mai 1943.

2. « À guerre totale résistance totale », article attribué à Camus, paru dans *Combat* clandestin dirigé par Pascal Pia en mars 1944. En 1943, Camus avait rejoint l'équipe du journal issu du mouvement résistant du même nom.

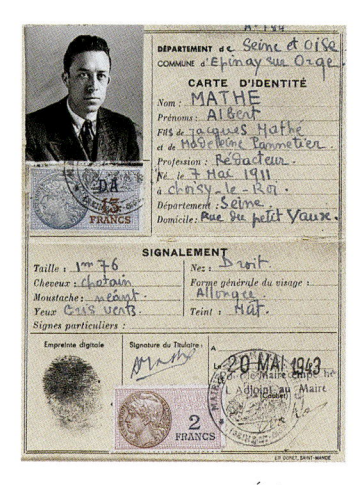

3. « Écrivant sur la violence et le meurtre, j'ai essayé de définir la limite où le meurtre devait s'arrêter. » « Révolte et police », lettre publiée dans *La Nouvelle Critique*, juin 1952, ms.

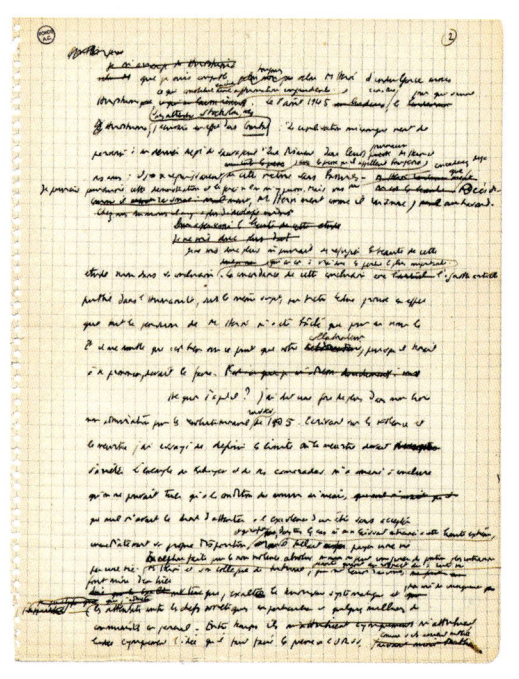

« Tandis que les balles de la liberté sifflent encore dans la ville, les canons de la libération franchissent les portes de Paris, au milieu des cris et des fleurs. Dans la plus belle et la plus chaude des nuits d'août, le ciel de Paris mêle aux étoiles de toujours les balles traçantes, la fumée des incendies et les fusées multicolores de la joie populaire. Dans cette nuit sans égale s'achèvent quatre ans d'une histoire monstrueuse et d'une lutte indicible où la France était aux prises avec sa honte et sa fureur. »

«LA NUIT DE LA VÉRITÉ», *COMBAT*, 25 AOÛT 1944, OC II, P. 380-381.

« C'est ici la terre des morts en effet. Et de quels morts ! Trois fois en cent ans des millions d'hommes sont venus engraisser de leurs corps mutilés ce même sol toujours trop sec. Ils ont tous été tués à cette même place, et chaque fois pour des conquêtes si fragiles qu'auprès d'elles ces morts paraissent démesurés. »

«IMAGES DE L'ALLEMAGE OCCUPÉE», *COMBAT*, 30 JUIN-1ᴱᴿ JUILLET 1945, OC II, P. 627.

4. La libération de Paris, place de la Concorde, août 1944. Photographie d'André Zucca.

5. La libération de Strasbourg, novembre 1944.

LA GUERRE FROIDE

Aussitôt la Deuxième Guerre terminée, les peuples redoutent qu'en éclate une troisième. Un équilibre de la terreur s'installe pour longtemps entre régimes capitalistes et communistes ; contrairement à la plupart des militants de gauche, Albert Camus refuse de choisir. Un Américain souvent considéré comme un illuminé, Garry Davis, a appelé à une croisade pour la paix en se proclamant « citoyen du monde » ; en lui apportant son soutien, Camus renoue avec l'idéal pacifiste qui l'animait encore en 1939.

2. *France Soir*, 30 octobre 1956. Coupure envoyée par René Char à Camus, avec la mention ms : « Une glorieuse journée d'automne ! Belle est la haine quand elle jette la tyrannie à bas. ». Il s'agit du renversement de la statue de Staline lors de la révolte de Budapest en 1956.

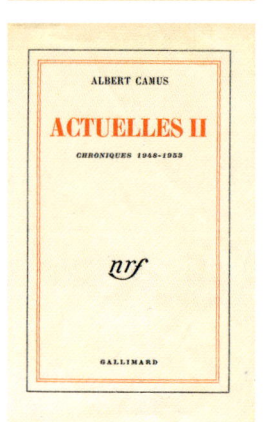

1. Un char soviétique lors de l'insurrection de Budapest en octobre 1956.

« Entre la peur très générale d'une guerre que tout le monde prépare et la peur toute particulière des idéologies meurtrières, il est donc bien vrai que nous vivons dans la terreur. Nous vivons dans la terreur parce que la persuasion n'est plus possible, parce que l'homme a été livré tout entier à l'histoire et qu'il ne peut plus se tourner vers cette part de lui-même, aussi vraie que la part historique, et qu'il retrouve devant la beauté du monde et des visages ; parce que nous vivons dans le monde de l'abstraction, celui des bureaux et des machines, des idées absolues et du messianisme sans nuances. »

« LE SIÈCLE DE LA PEUR », *COMBAT*, NOVEMBRE 1948, OC II, P. 437.

3. *Actuelles II. Chroniques 1948-1953*, édition originale, Gallimard, 1953.

« Les hommes de mon âge en France et en Europe sont nés juste avant ou pendant la première grande guerre, sont arrivés à l'adolescence au moment de la crise économique mondiale et ont eu vingt ans l'année de la prise de pouvoir par Hitler. Pour compléter leur éducation, on leur a offert ensuite la guerre d'Espagne, Munich, la guerre de 1939, la défaite et quatre années d'occupation et de luttes clandestines. Pour finir, on leur promet le feu d'artifice atomique. Je suppose donc que c'est ce qu'on appelle une génération intéressante. »

«LE TEMPS DES MEURTRIERS», OC III, P. 353.

« Les hommes de mon âge en France et en Europe sont nés juste avant ou pendant la première grande guerre, sont arrivés à l'adolescence au moment de la crise économique mondiale et ont eu vingt ans l'année de la prise de pouvoir par Hitler. Pour compléter leur éducation, on leur a offert ensuite la guerre d'Espagne, Munich, la guerre de 1939, la défaite et quatre années d'occupation et de luttes clandestines. Pour finir, on leur promet le feu d'artifice atomique. Je suppose donc que c'est ce qu'on appelle une génération intéressante. »

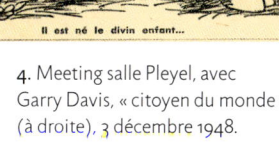

4. Meeting salle Pleyel, avec Garry Davis, « citoyen du monde » (à droite), 3 décembre 1948.

5. « "Je réponds..." par Albert Camus », coupure de presse autour de l'affaire Garry Davis.

« L'Organisation des Nations Unies s'est engagée dans une attitude dont la logique la mène à l'arrestation d'hommes qui se réclament de la paix mondiale. Assemblée de la paix, elle poursuit un homme qui lutte contre la guerre parce qu'il l'a connue ailleurs que dans le beau silence des bureaux. / Pendant ce temps, les gouvernements représentés dans ce curieux organisme versent à leurs budgets de guerre des milliards qu'ils enlèvent à la production et aux salaires. C'est en ce sens que le geste de Davis me paraît de ceux qu'il faut soutenir. S'il est spectaculaire, comme le dit notre grande presse (dont tout le monde sait qu'elle s'est fait une spécialité de la décence), c'est que le bon sens est aujourd'hui spectaculaire. Et ce n'est pas à Davis qu'il faut le reprocher, mais à l'ONU elle-même dont Davis, par contraste, fait éclater les contradictions. »

« NOUS SOMMES AVEC DAVIS! », FRANC-TIREUR, 20-21 NOVEMBRE 1948, OC II, P. 720-721.

VERS LA DÉCOLONISATION

« Les Français ont à conquérir l'Algérie une seconde fois. Pour dire tout de suite l'impression que je rapporte de là-bas, cette deuxième conquête sera moins facile que la première. En Afrique du Nord comme en France, nous avons à inventer de nouvelles formules et à rajeunir nos méthodes si nous voulons que l'avenir ait encore un sens pour nous. »

« CRISE EN ALGÉRIE », COMBAT, MAI 1945, ACTUELLES III. CHRONIQUES ALGÉRIENNES, OC IV, P. 339.

Au lendemain de l'Armistice de mai 1945, de graves émeutes ont éclaté dans le Constantinois ; aux yeux d'Albert Camus, seule une seconde conquête, par la justice et non plus par les armes, pourrait encore permettre que l'Algérie demeure attachée à la France. « Le temps des impérialismes occidentaux est passé », écrit-il alors ; neuf ans plus tard, la défaite militaire de Dien Bien Phu, suivie de l'indépendance de l'Indochine, inaugure la période qui vérifiera sa prédiction.

1. Le général Henry Martin lors de la cérémonie officielle de reddition des tribus dans le Constantinois, le 22 mai 1945.

2. « Les émeutes du Constantinois et leurs conséquences immédiates (mai 1945) », étude de Michel Rouzé, rédacteur en chef d'*Alger Républicain*. Document conservé par Albert Camus.

« Devant les actes de répression que nous venons d'exercer en Afrique du Nord, je tiens à dire ma conviction que le temps des impérialismes occidentaux est passé. »

« C'EST LA JUSTICE QUI SAUVERA L'ALGÉRIE DE LA HAINE… », COMBAT, 23 MAI 1945, OC II, P. 619.

3. « La France a le dos au mur. Il faut qu'elle invente ou qu'elle périsse. Si elle trouve les formules qui la sauvent, j'aurais eu raison. » Lettre de Camus à [P. Urfa], 20 mars 1956, ms.

4. Arrivée de la division Vietminh 308 à Hanoï le 10 octobre 1954. Photographie de Marc Charuel.

« *8 mai. Chute de Dien Bien Phu. Comme en 40, sentiment partagé de honte et de fureur.* »

CARNETS, 1954, OC IV, P. 1184

LA GUERRE D'ALGÉRIE

Dès les premiers mois de la guerre d'Algérie, les violences exercées de part et d'autre mettent Albert Camus au bord du désespoir. Il condamne avec une force égale le terrorisme et la répression. Avec ses amis musulmans, il tente de sauver les chances d'un dialogue. Lancer un « appel pour une trêve civile », comme il le fait à Alger en janvier 1956, c'est souhaiter que soient du moins épargnées des victimes innocentes. Les manifestations du forum d'Alger, en mai 1958, vont ramener le général de Gaulle au pouvoir. Albert Camus, qui mettait son dernier espoir dans une solution fédérale, s'abstient à partir de cette date de prendre publiquement position. Dans *Le Premier Homme*, il célèbre la geste des pionniers de l'Algérie ; mais quelques signes du manuscrit en chantier laissent deviner qu'il écrit aussi ce roman comme un adieu à sa terre.

« *Les massacres de civils doivent être d'abord condamnés par le mouvement arabe de la même manière que nous, Français libéraux, condamnons ceux de la répression. Ou, sinon, les notions relatives d'innocence et de culpabilité qui éclairent notre action disparaîtraient dans la confusion du crime généralisé, dont la logique est la guerre totale.* »
« LES RAISONS DE L'ADVERSAIRE », *L'EXPRESS*, 28 OCTOBRE 1955, OC IV, P. 363.

« *La solidarité française et arabe est inévitable, dans la mort comme dans la vie, dans la destruction comme dans l'espoir. [...] Et pour n'avoir pas su vivre ensemble, deux populations, à la fois semblables et différentes, mais également respectables, se condamnent à mourir ensemble, la rage au cœur.* »
« APPEL POUR UNE TRÊVE CIVILE EN ALGÉRIE », JANVIER 1956, OC IV, P. 375.

1. Les massacres de Philippeville, *Paris-Match*, 3-10 septembre 1955, document conservé par Albert Camus.

2. « Un jeune musulman répond à Albert Camus », *Communauté algérienne*, 16 octobre 1955. Réponse critique à l'article de Camus paru dans le journal de Mohamed El-Aziz Kessous, le 1er octobre 1955, « Message d'Albert Camus ».

3. « Les raisons de l'adversaire », *L'Express*, 28 octobre 1955.

4. Pétition réclamant « la trêve pour les civils en Algérie » suite à l'« Appel pour une trêve civile en Algérie » lancé par Camus dans *L'Express* du 10 janvier 1956, repris par lui à Alger le 22 et relayé ensuite par la presse métropolitaine (*Demain*) et par *Communauté algérienne*.

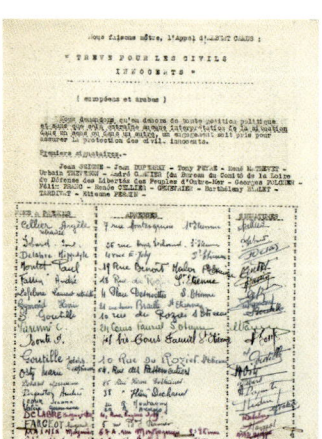

« Je crois comme vous qu'il est sans doute trop tard pour l'Algérie. Je ne l'ai pas dit dans mon livre parce que lo peor no es siempre seguro (sic) — parce qu'il faut laisser ses chances au hasard historique — et parce qu'on n'écrit pas pour dire que tout est fichu. Dans ce cas-là, on se tait. Je m'y prépare. »

LETTRE À JEAN GRENIER, 4 AOÛT 1958, *CORRESPONDANCE*, P. 222.

5. Manifestation d'Algériens pour l'Algérie française à Alger le 16 mai 1958.

6. Article des *Échos d'Alger* sur les suites d'attentats, [22 décembre 1956], document conservé par Albert Camus.

7. Tanks à Alger pendant la guerre d'Algérie, document conservé par Albert Camus.

« C'était la guerre, disait Veillard. — Soyons justes, ajoutait le vieux docteur, on les avait enfermés dans des grottes avec toute la smalah, mais oui, mais oui, et ils avaient coupé les couilles des premiers Berbères, qui eux-mêmes... et alors on remonte au premier criminel, vous savez, il s'appelait Caïn, et depuis c'est la guerre, les hommes sont affreux, surtout sous le soleil féroce »

LE PREMIER HOMME, OC IV, P. 858.

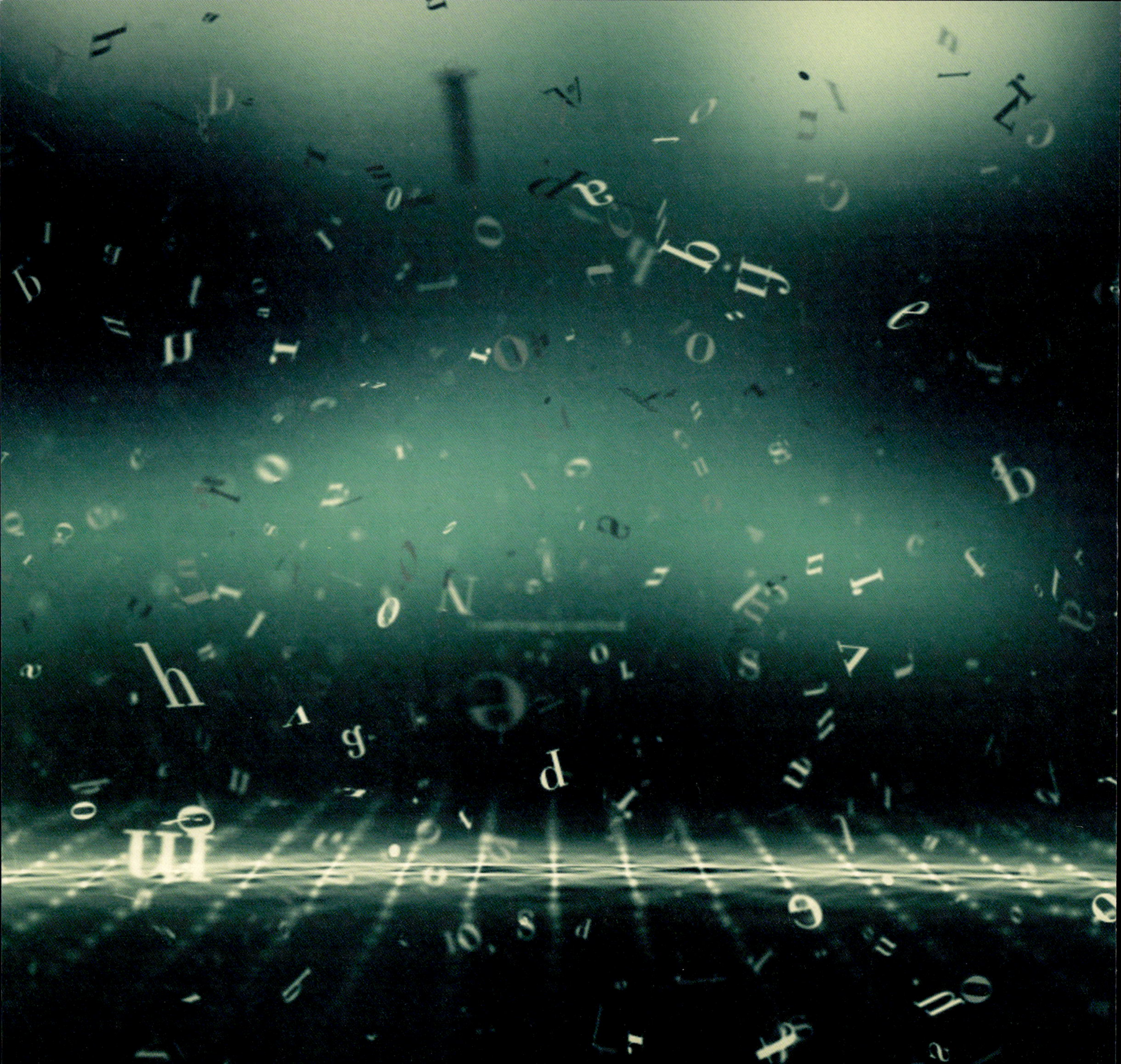

7 Histoire

- L'ÉNIGME DE L'HISTOIRE
- ÉCRIRE L'HISTOIRE, FAIRE L'HISTOIRE
- LA LOGIQUE ET LA FIN DE L'HISTOIRE
- LA VIOLENCE DANS L'HISTOIRE
- LE BONHEUR HORS DE L'HISTOIRE

Albert Camus
à *Combat*.

« Le monde finit toujours par vaincre l'histoire. »

LE SOIR RÉPUBLICAIN, 17 SEPTEMBRE 1939, OC I, P. 756.

L'homme est plongé dans le temps comme il est plongé dans l'histoire et il est confronté à l'énigme de l'un comme au mystère de l'autre. Dès qu'il accède à la conscience, il est déjà emporté par leur flux. Il n'est pas à leur origine, mais il suit et prolonge leur cours. Il devient en somme le « meurtrier innocent » dont parle *L'Homme révolté*. Il est embarqué dans une aventure dont il ne maîtrise ni le commencement ni la conclusion. Comment alors accepter sa fin lorsque la foi religieuse a perdu son intensité et que chaque existence particulière n'est plus consignée dans le grand Livre de la Création, lorsque la nature efface le souvenir des individus et recouvre les ruines des villes du passé et leurs cimetières de sa végétation ? Lorsque les victimes des conflits ne comprennent pas ce qui leur arrive et qu'elles titubent, ombres fugitives, sur les pavés de l'histoire ?

Le révolté n'a alors que deux ressources : *écrire l'histoire*, faire la chronique de ces vies brûlées par les événements, en somme se faire le témoin, parler pour les muets, ou passer à la révolte historique, à la révolution ; *faire l'histoire*, avec tous les dangers de l'activisme et du volontarisme. Dans les deux cas, il entend corriger la création.

Tous ne veulent pas faire l'histoire de la même manière, mais dès lors qu'ils se mettent en marche, ils obligent les autres à y entrer. Les nazis parlaient au nom de la pureté de la race. D'autres trouvent leur inspiration dans une philosophie de l'éternité, comme les chrétiens, ou, au contraire, dans une philosophie de l'histoire prônant l'historicité absolue. Camus cherche à créer ses propres valeurs du sein même de l'histoire, en espérant leur conférer l'universalité des valeurs de la révolte.

Le marxisme et le léninisme constituent un historisme, une doctrine de l'historicité absolue qui réduit l'homme à l'histoire de ses moyens de production. Celle-ci doit aboutir à la dictature du prolétariat, à la société sans classes et à la fin de l'histoire. Ce processus qui n'est pas sûr d'aboutir, va de pair avec la terreur, la violence, l'univers du procès et la réalisation de l'Empire.

Si Albert Camus entend penser l'histoire de son époque, il n'est pas prêt à sacrifier le présent à un futur incertain, il veut circonscrire la violence, comprendre les mécanismes de la terreur et les réduire. Et il nous rappelle infatigablement que l'histoire n'est pas tout, qu'il y a pour chaque vie un au-delà de l'histoire.

L'ÉNIGME DE L'HISTOIRE

Avant l'histoire des hommes, il y a l'histoire du monde, et avant chaque être humain, il y a tous ceux qui l'ont précédé, chacun devant prendre sa place dans la chaîne des êtres et assumer heurs et malheurs de l'existence. Comment accepter la mort et l'oubli inéluctables qui l'attendent, alors qu'il risque de ne pas comprendre les événements qui le poussent dans la mêlée historique et le forcent à y participer ? Que pouvaient penser la mère et le père de Cormery-Camus confrontés à la Grande Guerre ?

1. Illustration de José Muñoz pour *Le Premier Homme* d'Albert Camus, Futuropolis, 2013.

« L'homme enfin n'est pas entièrement coupable, il n'a pas commencé l'histoire ; ni tout à fait innocent puisqu'il la continue. »

L'HOMME RÉVOLTÉ, OC III, P. 315.

« L'histoire est un long crime perpétré par des innocents. »

CARNETS, AOÛT 1954, OC IV, P. 1194.

« Comme si l'histoire des hommes, cette histoire qui n'avait pas cessé de cheminer sur l'une de ses plus vieilles terres en y laissant si peu de traces, s'évaporait sous le soleil incessant avec le souvenir de ceux qui l'avaient vraiment faite, réduite à des crises de violence et de meurtre, des flambées de haine, des torrents de sang vite gonflés, vite asséchés comme les oueds du pays. »

LE PREMIER HOMME, OC IV, P 860.

4. *Le Premier Homme*, ms.

ALBERT CAMUS

2 et 3. Catherine Camus née Sintès, mère d'Albert Camus, à laquelle est dédié *Le Premier Homme* : « À toi qui ne pourras jamais lire ce livre. »

« Les Allemands forçaient la France à la guerre, une fois de plus, et on allait souffrir — il n'y avait pas de causes à cela, elle [Maman] ne savait pas l'histoire de France, ni ce qu'était l'histoire. Elle connaissait un peu la sienne, et à peine celle de ceux qu'elle aimait, et ceux qu'elle aimait devaient souffrir comme elle. Dans la nuit du monde qu'elle ne pouvait imaginer et de l'histoire qu'elle ignorait, une nuit plus obscure venait seulement de s'installer, des ordres mystérieux étaient arrivés, portés en plein bled par un gendarme suant et las, et il avait fallu quitter la ferme où l'on préparait déjà les vendanges — le curé était à la gare de Bône pour le départ des mobilisés : "il faut prier", lui avait-il dit, et elle avait répondu : "oui, monsieur curé", mais en vérité elle ne l'avait pas entendu, car il ne lui avait pas parlé assez fort, et d'ailleurs l'idée de prier ne lui serait pas venue, elle n'avait jamais voulu déranger personne —, et son mari maintenant était parti dans son beau costume multicolore, il allait revenir bientôt, tout le monde le disait, les Allemands seraient punis, mais en attendant il fallait trouver du travail. »

LE PREMIER HOMME, OC IV, P. 781.

ÉCRIRE L'HISTOIRE, FAIRE L'HISTOIRE

Comment réagir face à cet « immense oubli », à cette injustice que subissent les hommes, mais à laquelle ils participent aussi ? En mettant de l'unité dans ce désordre par la création artistique ou l'action révolutionnaire. L'écrivain peut dire et corriger ce que la création de Dieu ou de la nature et la société humaine ont d'injuste. Le monde imaginaire « transfigure » alors le monde réel. Les hommes peuvent aussi décider d'intervenir dans le cours de l'histoire. Mais c'est toujours prendre le risque de recourir à la violence, de souscrire à des idéologies, à des philosophies de l'histoire, à l'une ou l'autre forme d'absolu. Est-il possible alors d'agir dans l'histoire en trouvant dans la révolte elle-même des valeurs qui dirigent l'action sans croire pourtant que l'absolu est au bout de l'action historique ? Albert Camus le pensait.

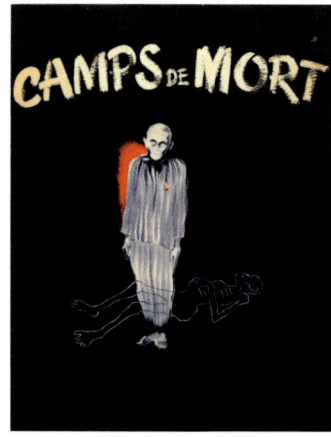

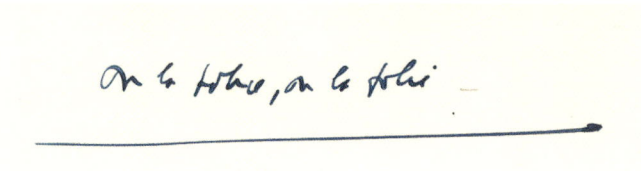

« La hideuse société de tyrans et d'esclaves où nous nous survivons ne trouvera sa mort et sa transfiguration qu'au niveau de la création. »
L'HOMME RÉVOLTÉ, OC III, P. 297.

« Voici donc un monde imaginaire, mais créé par la correction de celui-ci, un monde où la douleur peut, si elle le veut, durer jusqu'à la mort, où les passions ne sont jamais distraites, où les êtres sont livrés à l'idée fixe et toujours présents les uns aux autres. L'homme s'y donne enfin à lui-même la forme et la limite apaisante qu'il poursuit en vain dans sa condition. Le roman fabrique du destin sur mesure. C'est ainsi qu'il concurrence la création et qu'il triomphe, provisoirement, de la mort. »
L'HOMME RÉVOLTÉ, OC III, P. 288.

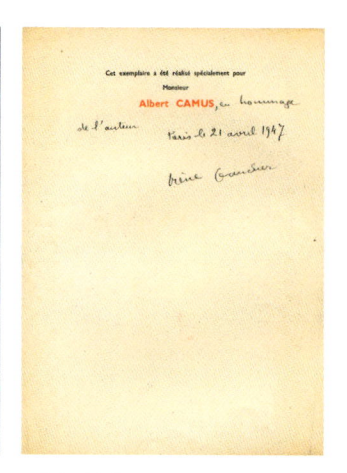

« Voilà la question : puis-je être seulement un témoin ? Autrement dit : ai-je le droit d'être seulement un artiste ? »
CARNETS, 1945, OC II, P. 1035.

1 et 2. Irène Gaucher, *Camps de mort*, préfacé par Vercors, Éditions Julien Wolff, 1946. Documentation sur les camps conservée par Camus.

3. Dédicace d'Irène Gaucher à Albert Camus, sur un exemplaire de *Camps de mort*, 21 avril 1947.

4. « Ou la police, ou la folie », *L'Homme révolté*, note ms.

« Le docteur Rieux décida alors de rédiger le récit qui s'achève ici, pour ne pas être de ceux qui se taisent, pour témoigner en faveur de ces pestiférés, pour laisser du moins un souvenir de l'injustice et de la violence qui leur avaient été faites, et pour dire simplement ce qu'on apprend au milieu des fléaux, qu'il y a dans les hommes plus de choses à admirer que de choses à mépriser. »

LA PESTE, OC II, P. 248.

« Être dans l'histoire en se référant à des valeurs qui dépassent l'histoire, est-ce possible, légitime ? »

CARNETS, 1947, OC II, P. 1085.

5. Albert Camus donne une conférence à des étudiants brésiliens pendant son voyage en Amérique du Sud en 1949.

6. *Actuelles*, 1950, table des matières, ms.

7. Lettre de Michel Gallimard, éditeur d'Albert Camus, à Gaston Gallimard, au sujet d'*Actuelles III. Chroniques algériennes*, 13 novembre 1959, dactyl. signée.

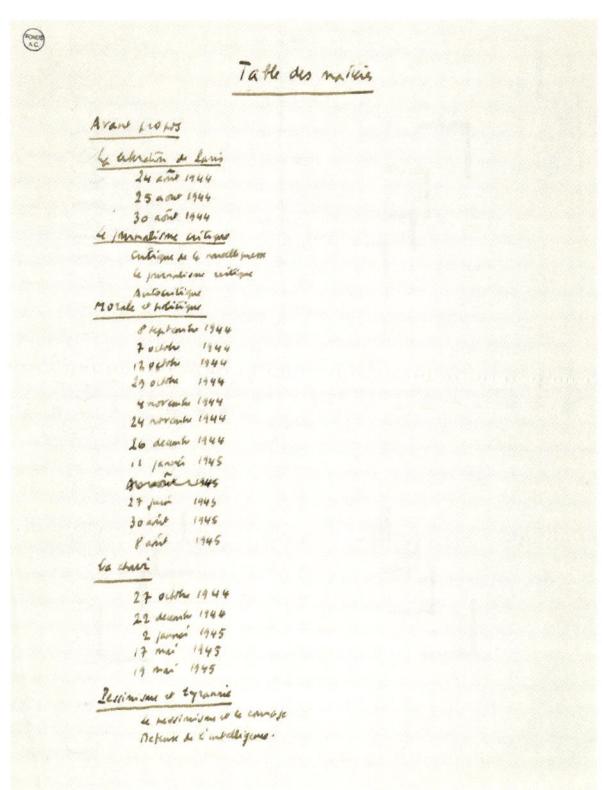

LA LOGIQUE ET LA FIN DE L'HISTOIRE

Confronté à cette énigme de l'histoire où civilisations et individus disparaissent après conflits et guerres, le marxisme s'est efforcé de découvrir la logique inhérente à ce qui semblait insensé. Marx et Lénine, après Hegel, ont voulu lire le sens caché de tous ces événements. Ils ont voulu croire que le bruit et la fureur de l'histoire menaient, par le jeu des règles économiques et par l'intervention du parti, à une fin heureuse, à un âge d'or, à la disparition de l'État et de l'exploitation.

1. Karl Marx.
2. Lénine.

« *Désespérant de la justice immédiate, les marxistes qui se disent orthodoxes ont choisi de dominer le monde au nom d'une justice future. D'une certaine manière, ils ne sont plus sur cette terre malgré les apparences. Ils sont dans la logique.* »

« DEUX RÉPONSES À EMMANUEL D'ASTIER DE LA VIGERIE », *CALIBAN*, N° 16, OC II, P. 463.

3. « Ni victimes ni bourreaux », *Actuelles*, ms. dactyl. avec corr. Il s'agit de la série de textes publiés dans *Combat* du 19 au 30 novembre 1946.

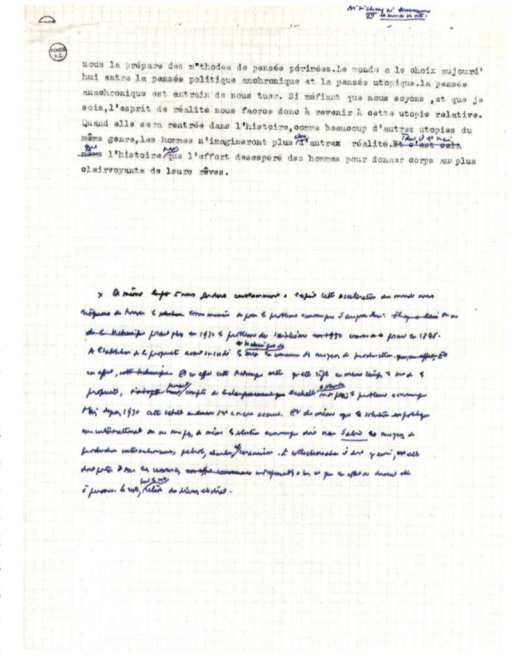

« *Lénine part donc du principe, clair et ferme, que l'État meurt dès que la socialisation des moyens de production est opérée, la classe d'exploiteurs étant alors supprimée. Et pourtant, dans le même libelle [L'État et la Révolution], il aboutit à légitimer le maintien, après la socialisation des moyens de production, et sans terme prévisible, de la dictature d'une fraction révolutionnaire sur le reste du peuple.* »

L'HOMME RÉVOLTÉ, OC III, P. 258-259.

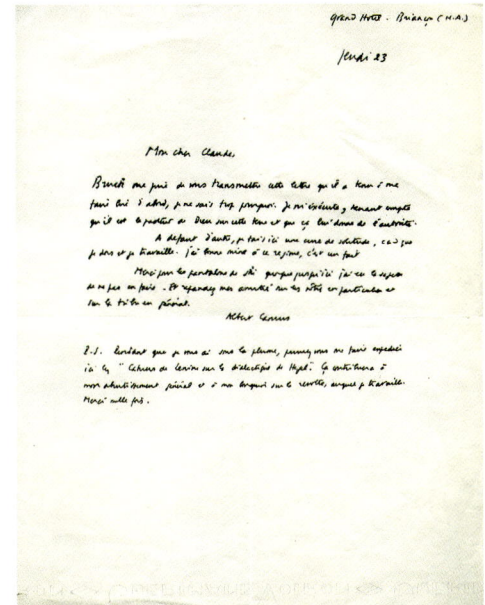

4. Emmanuel d'Astier de la Vigerie, « Arrachez la Victime aux Bourreaux. Éléments d'une réponse à Albert Camus », *Caliban*, n° 15, mars 1948.

5. « Pouvez-vous me faire expédier ici les "Cahiers de Lénine sur la dialectique de Hegel". Ça contribuera [...] à mon bouquin sur la révolte. » Lettre d'Albert Camus à Claude Gallimard, 1951, ms.

« La logique de l'histoire, à partir du moment où elle est acceptée totalement, la mène, peu à peu, contre sa passion la plus haute, à mutiler l'homme de plus en plus, et à se transformer elle-même en crime objectif. Il n'est pas juste d'identifier les fins du fascisme et du communisme russe. Le premier figure l'exaltation du bourreau par le bourreau lui-même. Le second, plus dramatique, l'exaltation du bourreau par les victimes. Le premier n'a jamais rêvé de libérer tout l'homme, mais seulement d'en libérer quelques-uns en subjuguant les autres. Le second, dans son principe le plus profond, vise à libérer tous les hommes en les asservissant tous, provisoirement. Il faut lui reconnaître la grandeur de l'intention. Mais il est juste, au contraire, d'identifier leurs moyens avec le cynisme politique qu'ils ont puisé tous deux à la même source, le nihilisme moral. »

L'HOMME RÉVOLTÉ, OC III, P. 273.

6. « La révolte historique », *L'Homme révolté*, 1951, ms.

LA VIOLENCE DANS L'HISTOIRE

Convaincus que le bonheur n'est accessible que par l'action historique, les marxistes justifient leur entreprise et la violence qu'elle entraîne par la société sans classes — la fin de l'histoire — qui est son couronnement. Albert Camus y voit une absolutisation de l'histoire, un historisme, et une justification des moyens et de la violence par une fin qui est un leurre.

1. Soldats allemands devant l'Opéra de Paris sous l'Occupation.

2. Adolf Hitler.

3. Photo d'un camp de concentration conservée par Albert Camus.

« Mais vous avez fait ce qu'il fallait, nous sommes entrés dans l'Histoire. Et pendant cinq ans, il n'a plus été possible de jouir du cri des oiseaux dans la fraîcheur du soir. Il a fallu désespérer de force. Nous étions séparés du monde, parce qu'à chaque moment du monde s'attachait tout un peuple d'images mortelles. Depuis cinq ans, il n'est plus sur cette terre de matin sans agonies, de soir sans prisons, de midi sans carnages. Oui, il nous a fallu vous suivre. »

LETTRES À UN AMI ALLEMAND, OC II, P. 27.

« Hitler était
l'histoire à l'état pur. »

L'HOMME RÉVOLTÉ, 1951

« Hitler était
l'histoire à l'état pur. »

L'HOMME RÉVOLTÉ, 1951.

« Je dis seulement qu'il faut refuser toute légitimation de la violence, que cette légitimation lui vienne d'une raison d'État absolue, ou d'une philosophie totalitaire. La violence est à la fois inévitable et injustifiable. Je crois qu'il faut lui garder son caractère exceptionnel et la resserrer dans les limites qu'on peut. Je ne prêche donc ni la non-violence, j'en sais malheureusement l'impossibilité, ni, comme disent les farceurs, la sainteté : je me connais trop pour croire à la vertu toute pure. »

CALIBAN, N° 16, OC II, P. 457-458.

4. « Le siècle de la peur », premier article de la série « Ni victimes ni bourreaux », Combat, novembre 1946, ms.

LE BONHEUR HORS DE L'HISTOIRE

L'histoire a ses droits, mais elle n'exclut pas, selon Albert Camus, ce qui est en dehors d'elle et dont vit aussi l'homme. « Si j'en avais le temps, je dirais aussi que ces hommes devraient s'essayer à préserver dans leur vie personnelle la part de joie qui n'appartient pas à l'histoire. »

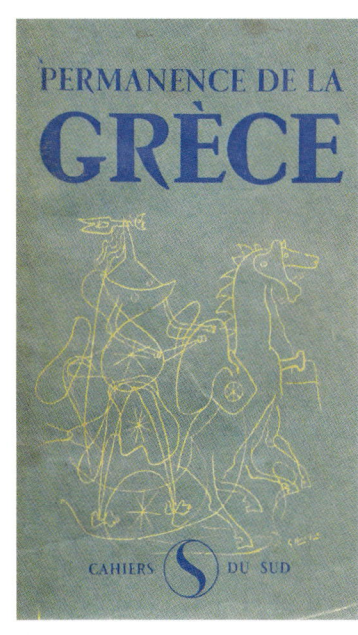

1. *Permanence de la Grèce*, où paraît la première édition de « L'Exil d'Hélène » d'Albert Camus, Éditions Les Cahiers du Sud, 1948. La couverture est illustrée d'un dessin de Georges Braque, « La main d'Athéna ou confiance en l'homme ».

2. Albert Camus jouant au badminton chez Michel Gallimard à Sorel-Moussel (Eure-et-Loir), photographie extraite d'un film familial.

« L'histoire, certainement, est l'une des limites de l'homme ; en ce sens le révolutionnaire a raison. Mais l'homme, dans sa révolte, pose à son tour une limite à l'histoire. À cette limite naît la promesse d'une valeur. »

L'HOMME RÉVOLTÉ, OC III, P. 276.

« Il y a l'histoire et il y a autre chose, le simple bonheur, la passion des êtres, la beauté naturelle. Ce sont là aussi des racines, que l'histoire ignore, et l'Europe, parce qu'elle les a perdues, est aujourd'hui un désert. »

ACTUELLES, OC II, P. 469.

3. Avec Robert et Madeleine Jaussaud et Yvonne Miallon à Tipasa.

4. *Le Luberon*. Tableau de Louis Bénisti.

« *Si tout se réduit vraiment à l'homme et à l'histoire, je demande où est la place : de la nature — de l'amour — de la musique — de l'art.* »

CARNETS, 1946, OC II, P. 1076.

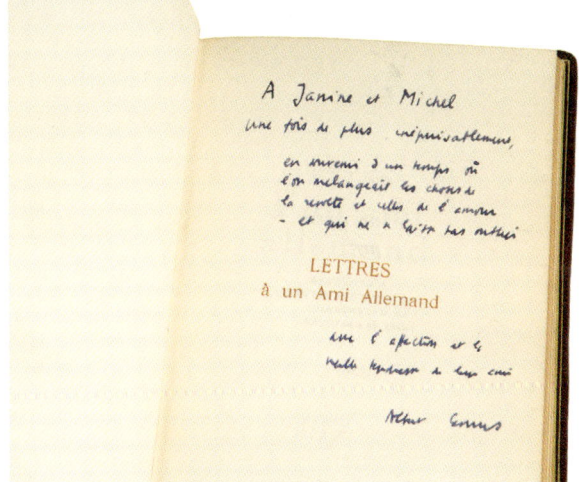

5. Envoi à Janine et Michel Gallimard, « en souvenir d'un temps où l'on mélangeait les choses de la révolte et celles de l'amour », sur un exemplaire de *Lettres à un ami allemand*, 1948.

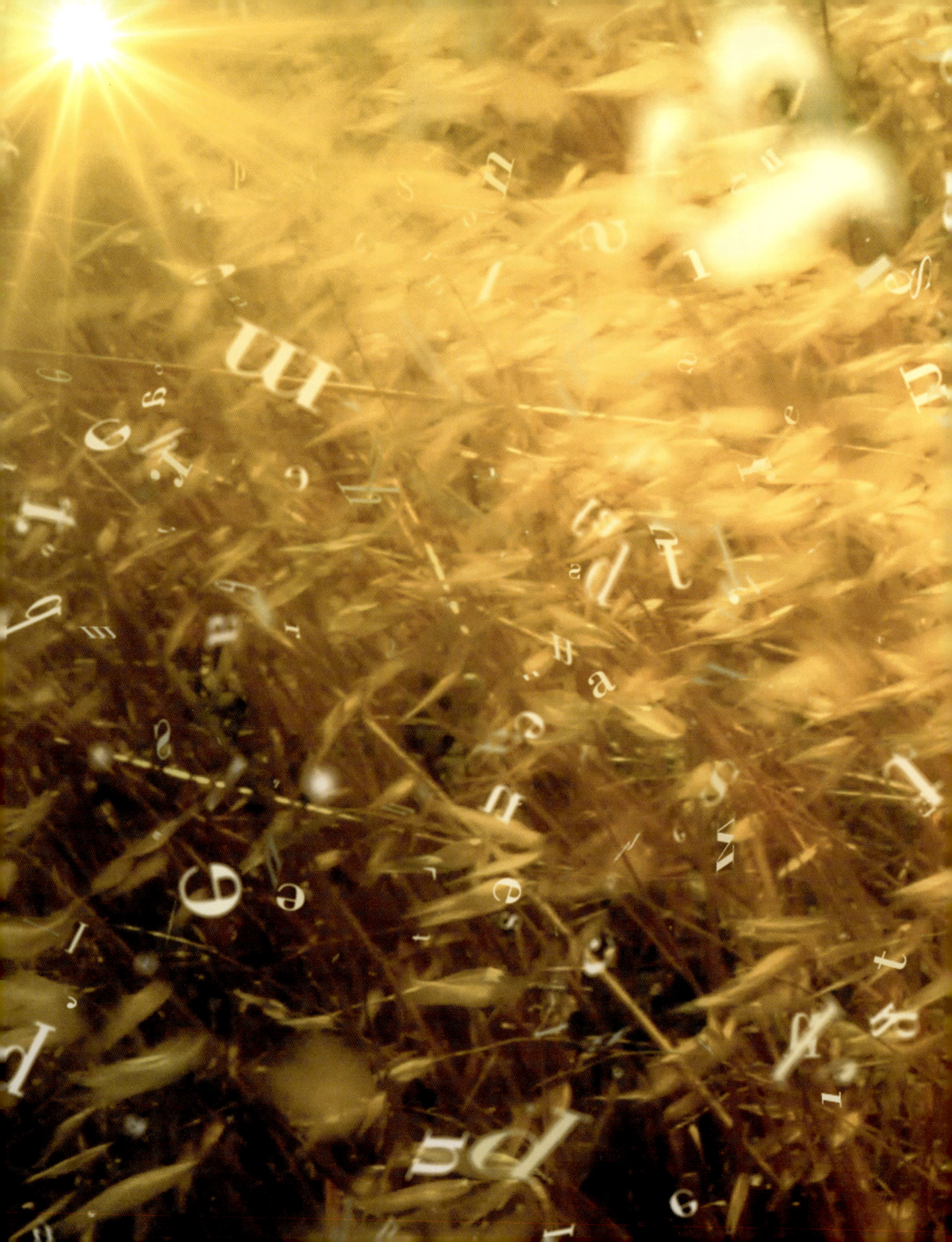

8 La pensée de midi

- MIDI
- MIDI, MINUIT
- RÉVOLUTION, RÉVOLTE, LIMITE ET MESURE
- AU-DELÀ DU NIHILISME ?

1. Retour à Tipasa.
Photographie
d'Edmond Bua.

« Il est midi, le jour lui-même est en balance. »

L'ÉTÉ, OC III, P. 584

Midi, le soleil au zénith, l'heure de l'ombre la plus courte, de la lumière éclatante et souvent insoutenable, mais invitant à la lucidité, à faire table rase des illusions, ombres de l'esprit — Albert Camus l'évoque et l'invoque à de nombreuses reprises, et souvent face à la mer, face aux plus beaux paysages du monde. À Délos, au sommet du Cynthe, entouré des îles grecques, il se sent au centre, lieu sacré par excellence, du monde. Midi, instant magique, comme si la nature entière se recueillait pour célébrer ce moment d'équilibre, de « balance » du jour. Le jour pourtant bascule et fait peu à peu place à l'obscurité, à la nuit. L'absence de lumière modifie les perspectives et les peurs jamais totalement conjurées resurgissent, parfois sous des formes nouvelles. Minuit semble l'épicentre des forces négatives : la vie de la cité s'éteint, Meursault dans sa cellule imagine que son destin est scellé. Don Juan a attendu en vain le commandeur et le jeune Camus imagine l'amertume que laisse au séducteur d'avoir eu raison de penser que le ciel est vide, alors que le Camus de la maturité y voit comme une raison de découvrir le bonheur et peut-être l'amour. Rieux, le docteur, sent davantage à cette heure sa fatigue et la solitude de la ville pestiférée, Clamence révèle sa lâcheté profonde, tandis que le mal-être de Jonas ressort de son incapacité à distinguer midi de minuit et de son recours, jour et nuit, lui qui est peintre et devrait être sensible à la lumière et aux couleurs, à un éclairage artificiel.

Midi et minuit deviennent ainsi des métaphores du oui et du non qui constituent les deux pôles de la révolte : faces diurne et nocturne de la journée, ils marquent les limites l'un de l'autre, comme le refus et le consentement circonscrivent les pôles de la révolte. La tension entre ces éléments antithétiques est la mesure qui constitue leur être. Midi est aussi la part solaire, méditerranéenne de l'héritage européen, minuit la part de brume l'héritage nordique, dont l'idéologie allemande et ses disciples russes sont la forme la plus exaltée. Ici encore la santé repose sur l'équilibre entre les deux composantes.

Nietzsche joue à ce carrefour un rôle prépondérant, puisque c'est lui qui allumait des feux la nuit et qui a salué le midi de la pensée, le « großer Mittag », le moment décisif où il faut dire oui à ce qui est. Camus lui rend hommage mais en ajoutant que le oui doit trouver sa contrepartie dans un non, comme le non de Breton ou de la pensée allemande et révolutionnaire doit trouver la sienne dans un oui, que l'on trouve essentiellement dans la pensée méditerranéenne.

Que le oui et le non, midi et minuit doivent s'équilibrer dans la révolte, constitue l'antinomie (une contradiction que l'on ne peut lever) principale et le modèle de toutes les oppositions antinomiques auxquelles la révolte donne naissance : l'antinomie de la révolte métaphysique et de la révolution du réel et du rationnel ou les antinomies morales, comme par exemple celles de la violence et de la non-violence, de la justice et la liberté. L'au-delà du nihilisme ne sera atteint que si la tension entre les pôles antithétiques de ces antinomies est respectée : l'équilibre n'est cependant pas réalisé une fois pour toutes mais doit toujours être renégocié.

MIDI

Midi et minuit sont d'abord des mesures du temps, qui aident à nous situer par rapport à ce qui est sans doute l'énigme par excellence, énigme que l'homme écarte mais qui l'imprègne : qu'est-ce que le temps ? Ces mesures marquent la présence ou l'absence totale du soleil. À midi, la vibration de la lumière est la plus intense puisque le soleil est le plus proche, et ce moment a quelque chose de sacré, de festif, même s'il est parfois insoutenable : l'ombre est minimale, l'air est transparent et les couleurs sont éclatantes.

1. Tipasa, villa des fresques.

2. *L'Homme révolté*, 1951, table des matières, ms.

3. « Titre essais solaires : L'Été. Midi. La Fête. ». *Carnets*, février 1950, dactyl. avec corr. ms.

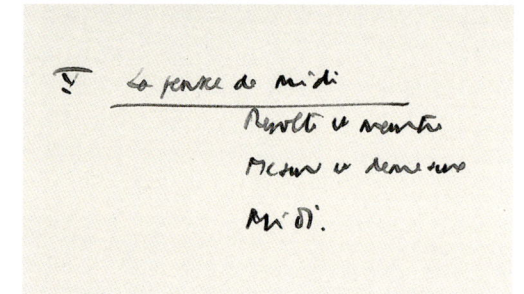

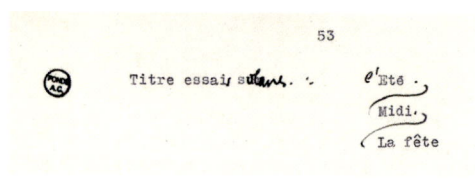

« Sur la mer, c'est le silence énorme de midi. »

NOCES, OC I, P. 108.

« À midi sur les pentes à demi sableuses et couvertes d'héliotropes comme d'une écume qu'auraient laissée en se retirant les vagues furieuses des derniers jours, je regardais la mer qui, à cette heure, se soulevait à peine d'un mouvement épuisé et je rassasiais les deux soifs qu'on ne peut tromper longtemps sans que l'être se dessèche, je veux dire aimer et admirer. Car il y a seulement de la malchance à n'être pas aimé : il y a du malheur à ne point aimer. Nous tous, aujourd'hui, mourons de ce malheur. »

L'ÉTÉ, OC III, P. 612.

« *En ce lieu [Tipasa], en effet, il y a plus de vingt ans, j'ai passé des matinées entières à errer parmi les ruines, à respirer les absinthes, à me chauffer contre les pierres, à découvrir les petites roses, vite effeuillées, qui survivent au printemps. À midi seulement, à l'heure où les cigales elles-mêmes se taisaient, assommées, je fuyais devant l'avide flamboiement d'une lumière qui dévorait tout. La nuit, parfois, je dormais les yeux ouverts sous un ciel ruisselant d'étoiles.* »

L'ÉTÉ, OC III, P. 609.

4. « Retour à Tipasa », *L'Été*, 1954, épreuves avec corr. ms.

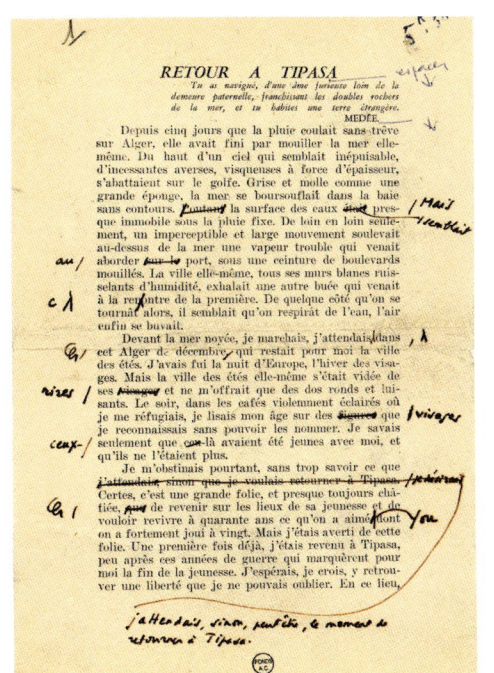

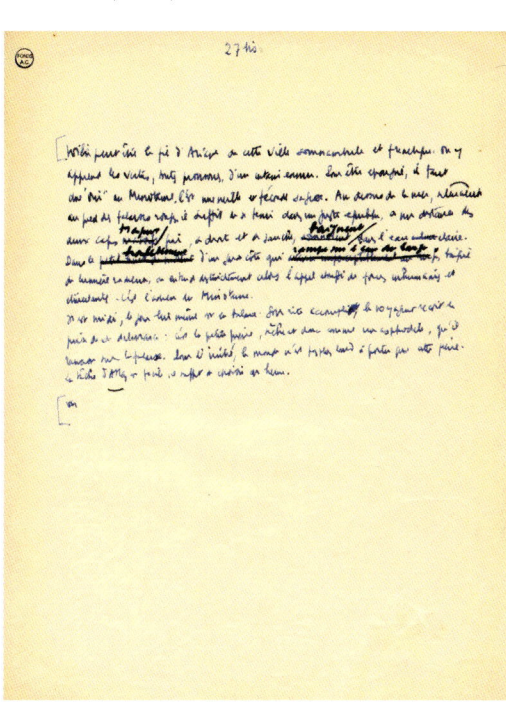

5. Illustration de Pierre-Eugène Clairin pour *L'Été* (« Retour à Tipasa »), dans *Récits et théâtre*, édition illustrée, 1958 (Gallimard).

« *De même que j'ai mis longtemps à comprendre mon attachement et mon amour pour le monde de pauvreté où s'est passée mon enfance, c'est maintenant seulement que j'entrevois la leçon du soleil et des pays qui m'ont vu naître. Un peu avant midi, je sortais et me dirigeais vers un point que je connaissais et qui dominait l'immense plaine de Vicence. Le soleil était presque au zénith, le ciel d'un bleu intense et aéré. Toute la lumière qui en tombait dévalait la pente des collines, habillait les cyprès et les oliviers, les maisons blanches et les toits rouges, de la plus chaleureuse des robes, puis allait se perdre dans la plaine qui fumait au soleil.* »

L'ENVERS ET L'ENDROIT, OC I, P. 62.

6. « Il est midi, le jour lui-même est en balance. Son rite accompli, le voyageur reçoit le prix de sa délivrance : la petite pierre, sèche et douce comme un asphodèle, qu'il ramasse sur la falaise. » « Le Minotaure ou la Halte d'Oran », *L'Été*, 1954, ms.

MIDI, MINUIT

Si midi et minuit s'opposent comme la lumière et l'obscurité, l'expérience apprend que la nuit succède au jour comme le jour à la nuit et que leur opposition est la condition de leur pérennité. Si le non de la révolte est vécu métaphoriquement comme l'expérience de l'absence de lumière, l'approfondissement de cette négation mène à la découverte des raisons de cette révolte, au oui, à l'affirmation, à la lumière qui l'habite. La révolte recèle donc, vécue pleinement, à la fois midi et minuit.

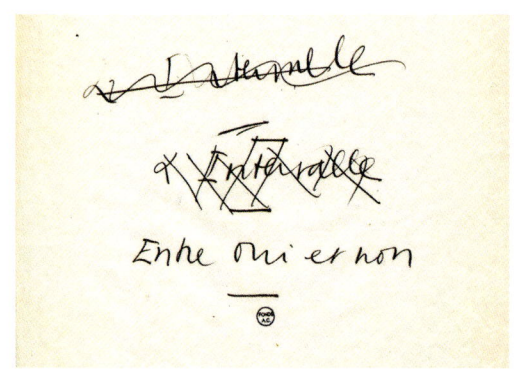

1. « Entre oui et non », *L'Envers et l'Endroit*, page de titre, ms.

« Comme l'expérience de Nietzsche se couronnait dans l'acceptation de midi, celle du surréalisme culmine dans l'exaltation de minuit, le culte obstiné et angoissé de l'orage. Breton, selon ses propres paroles, a compris que, malgré tout, la vie était donnée. Mais son adhésion ne pouvait être celle de la pleine lumière, dont nous avons besoin. "Trop de nord en moi, a-t-il dit, pour que je sois l'homme de la pleine adhésion." »

L'HOMME RÉVOLTÉ, OC III, P. 144.

2, 3 et 4. *La Peste*, *L'État de siège* et *Le Malentendu*, cartonnages illustrés d'un soleil à la demande de Camus, estampés d'après des fers dessinés par Mario Prassinos (Gallimard), 1947-1948.

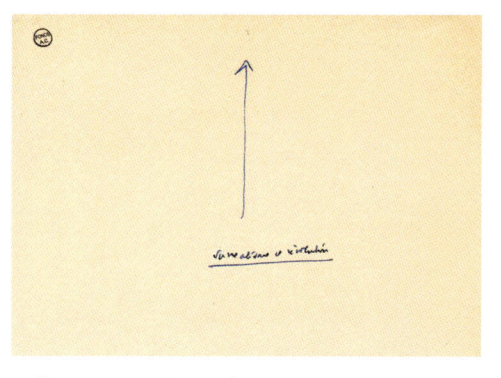

5. « Surréalisme et révolution », *L'Homme révolté*, 1951, page de titre, ms.

« Il y a liberté pour l'homme sans dieu, tel que l'imaginait Nietzsche, c'est-à-dire solitaire. Il y a liberté à midi quand la roue du monde s'arrête et que l'homme dit oui à ce qui est. Mais ce qui est devient. Il faut dire oui au devenir. »

L'HOMME RÉVOLTÉ, OC III, P. 127.

« Sur une même chose, on ne pense pas de même façon le matin ou le soir. Mais où est le vrai, dans la pensée de la nuit ou l'esprit de midi ? Deux réponses, deux races d'hommes ».

CARNETS, 1938, OC II, P. 851.

« Non, décidément, n'allez pas là-bas si vous vous sentez le cœur tiède, et si votre âme est une bête pauvre ! Mais, pour ceux qui connaissent les déchirements du oui et du non, de midi et des minuits, de la révolte et de l'amour, pour ceux enfin qui aiment les bûchers devant la mer, il y a, là-bas, une flamme qui les attend. »

L'ÉTÉ, OC III, P. 596.

RÉVOLUTION, RÉVOLTE, LIMITE ET MESURE

La difficulté pour la pensée révoltée consiste à réunir oui et non, midi et minuit, et à soutenir la grande tension qui les oppose sans parvenir jamais à la faire disparaître. La pensée révoltée est une pensée de la limite : au point où négation et affirmation se rencontrent, naît la mesure. Entre élan révolté et organisation révolutionnaire, entre liberté et justice (égalité), entre la pensée méditerranéenne et la pensée du Nord doit exister une tension régulatrice semblable. La révolte recèle, vécue pleinement, à la fois midi et minuit.

« Et déjà, en effet, la révolte, sans prétendre à tout résoudre, peut au moins faire face. Dès cet instant, midi ruisselle sur le mouvement même de l'histoire. »

L'HOMME RÉVOLTÉ, OC III, P. 323.

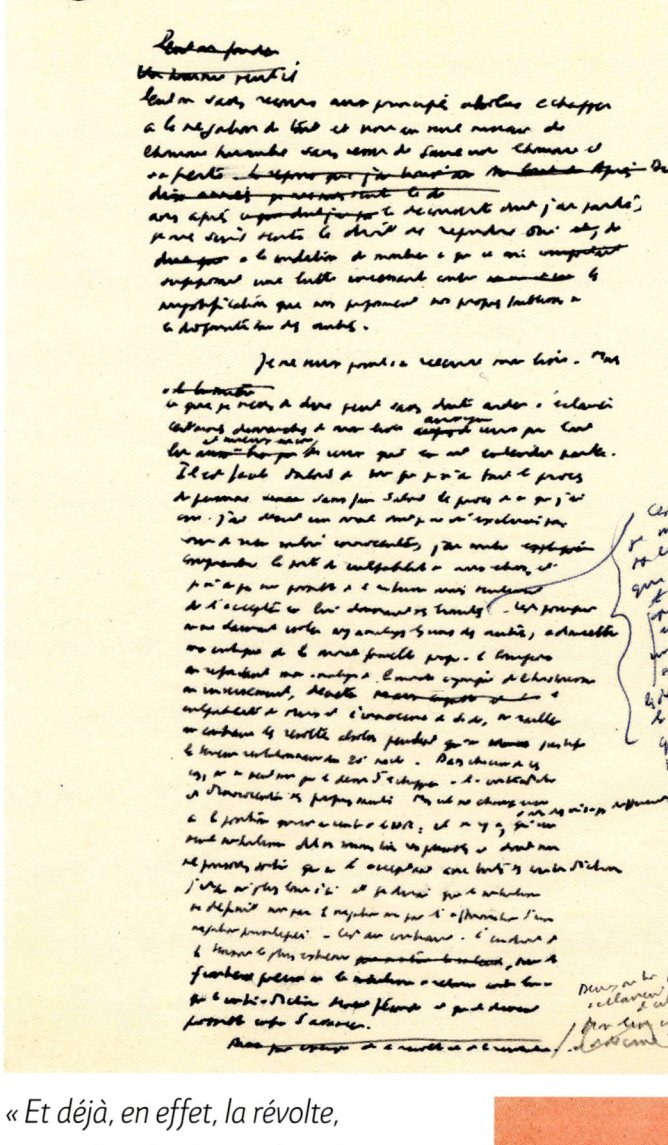

1. « il n'y a, sous des visages différents, qu'un seul nihilisme dont nous sommes tous responsables et dont nous ne pouvons sortir qu'en l'acceptant avec toutes ses contradictions. » « Défense de L'Homme révolté », ms.

2. Pochette mentionnant le titre « Post-scriptum » [à L'Homme révolté], ms.

« *La pensée autoritaire, à la faveur de trois guerres et grâce à la destruction physique d'une élite de révoltés, a submergé cette tradition libertaire. Mais cette pauvre victoire est provisoire, le combat dure toujours. L'Europe n'a jamais été que dans cette lutte entre midi et minuit. Elle ne s'est dégradée qu'en désertant cette lutte, en éclipsant le jour par la nuit. La destruction de cet équilibre donne aujourd'hui ses plus beaux fruits.* »

L'HOMME RÉVOLTÉ, OC III, P. 318.

3. Barricade de la Commune de Paris, place Vendôme (1871).

« *Mais l'absolutisme historique, malgré ses triomphes, n'a jamais cessé de se heurter à une exigence invincible de la nature humaine dont la Méditerranée, où l'intelligence est sœur de la dure lumière, garde le secret. Les pensées révoltées, celles de la Commune ou du syndicalisme révolutionnaire, n'ont cessé de crier cette exigence à la face du nihilisme bourgeois comme à celle du socialisme césarien.* »

L'HOMME RÉVOLTÉ, OC III, P. 318.

AU-DELÀ DU NIHILISME ?

La pensée de midi n'exclut pas minuit. Dès *Le Mythe de Sisyphe*, Camus avait essayé d'approcher le phénomène du nihilisme. L'analyse de la révolte a fait sortir l'affirmation de la négation, a découvert les valeurs pour lesquelles on dit non et a équilibré l'Absurde : la révolte « peut faire face » alors, sans pour autant « tout résoudre ». Et elle choisit la lucidité avec Ulysse, elle reste « fidèle à la terre » et à la finitude.

jusque dans la mort. Il reste la terre fidèle, la communauté des joies et des souffrances, la pensée frugale et ironique, la générosité de l'homme qui sait. Que le monde reste toujours notre premier amour, malgré l'histoire, et cette fidélité nous apprendra que la joie au moins ne se renvoie pas à plus tard. elle est l'ivraie inlassable, l'amère nourriture, le vent dur venu des mers, l'ancienne et la nouvelle aurore. Avec elle, au long des combats, nous referons l'âme de ce temps et une Europe qui n'exclura plus rien.

Ni ce fantôme Nietzsche que, pendant douze ans, après son effondrement, l'Occident allait visiter comme l'image foudroyée de sa plus haute conscience et de son nihilisme; ni ce prophète de la justice sans tendresse qui repose, par erreur, dans le carré des incroyants au cimetière de Highgate; ni la momie déifiée de l'homme d'action dans son cercueil de verre; ni rien de ce que l'intelligence et l'énergie de l'Europe ont fourni sans trêve à l'orgueil d'un temps misérable. Tous peuvent revivre, en effet, auprès des sacrifiés de 1905, la réflexion sur le travail et l'injustice donnant son contenu à la passion surhumaine de vérité, et l'esprit de réalité les ajustant tous deux à l'histoire. Mais ce ne peut être qu'à la condition de comprendre qu'ils se

« *Au midi de la pensée, le révolté refuse ainsi la divinité pour partager les luttes et le destin communs. Nous choisirons Ithaque, la terre fidèle, la pensée audacieuse et frugale, l'action lucide, la générosité de l'homme qui sait. Dans la lumière, le monde reste notre premier et notre dernier amour. Nos frères respirent sous le même ciel que nous, la justice est vivante. Alors naît la joie étrange qui aide à vivre et à mourir et que nous refuserons désormais de renvoyer à plus tard. Sur la terre douloureuse, elle est l'ivraie inlassable, l'amère nourriture, le vent dur venu des mers, l'ancienne et la nouvelle aurore.* »

L'HOMME RÉVOLTÉ, OC III, P. 323-324.

1. « Au-delà du nihilisme », *L'Homme révolté*, dernière section de « La pensée de midi », avant-dernier feuillet, dactyl. avec corr. ms.

2. Îles grecques. Photographie de François Le Diascorn.

« Au bout de ces ténèbres, une lumière pourtant est inévitable que nous devinons déjà et dont nous avons seulement à lutter pour qu'elle soit Par-delà le nihilisme, nous tous, parmi les ruines, préparons une renaissance. Mais peu le savent. »

L'HOMME RÉVOLTÉ, OC III, P. 323

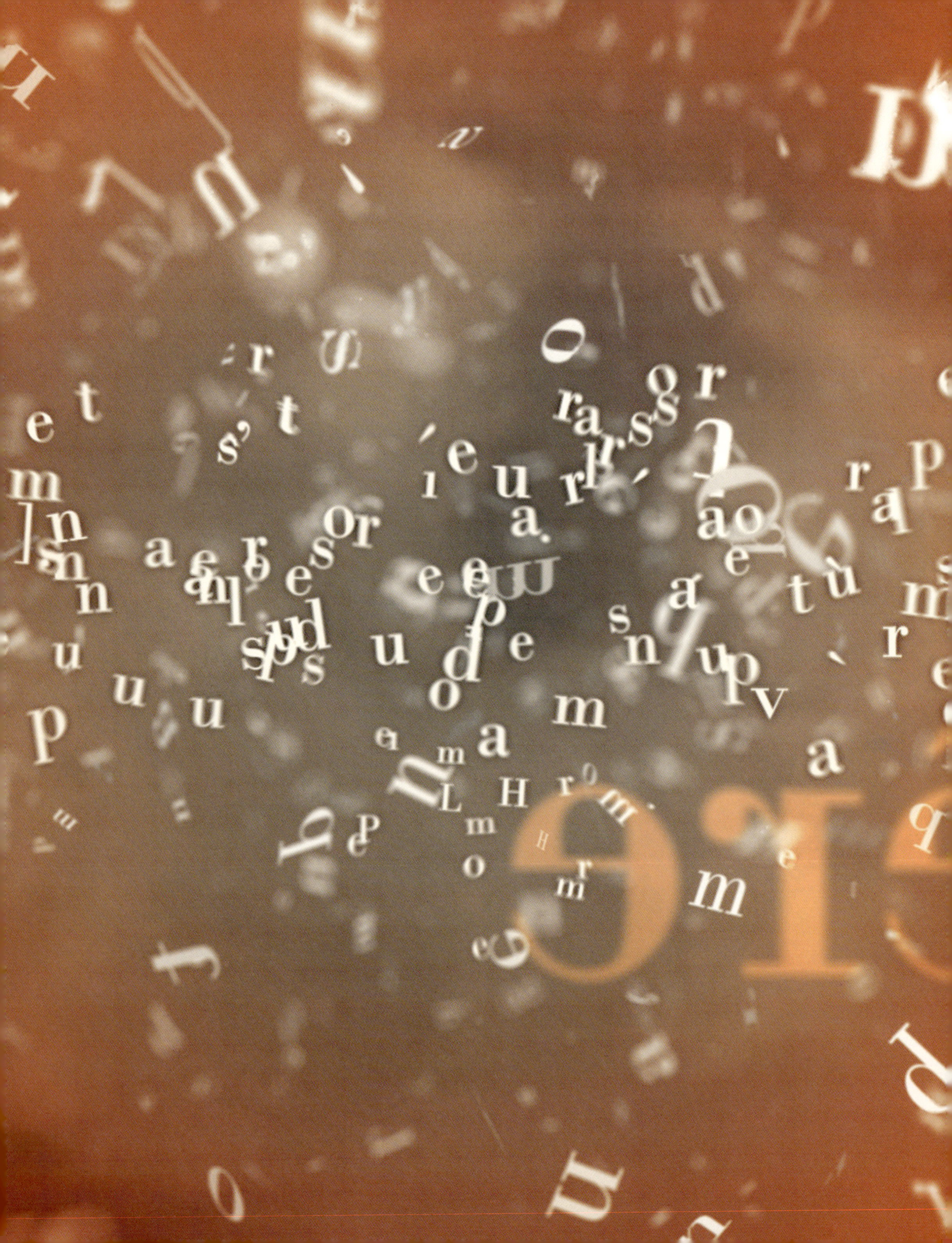

« Si j'avais à écrire
ici un livre de morale,
il aurait cent pages
et 99 seraient blanches.
Sur la dernière j'écrirais :
"Je ne connais qu'un
seul devoir et c'est celui
d'aimer". »

CARNETS 1937 OC II, P 830

« Si j'avais à écrire
ici un livre de morale,
il aurait cent pages
et 99 seraient blanches.
Sur la dernière j'écrirais :
"Je ne connais qu'un
seul devoir et c'est celui
d'aimer." »

◆ 9 Amour

- AMOUR MATERNEL
- AIMER SANS MESURE
- L'AMOUR DE VIVRE
- FEMMES
- DÉSIRER
- COUPLES
- UN DIEU D'AMOUR ?
- L'AMOUR ET L'HISTOIRE

« *Voici le proche lit de l'amour.*
La place est déjà chaude.
On les entend rire, au loin. »

LA POSTÉRITÉ DU SOLEIL, VII, OC IV, P. 684.

> « Il ne pouvait faire plus ni être autre, et le seul amour qui eût tout sauvé était un amour où il eût été accepté tel qu'il était. »

CARNETS, 1950, OC IV, P. 1096

Pour parler de cette expérience vitale, multiforme, passionnément vécue, Albert Camus utilise plus volontiers le verbe actif : aimer, c'est une manière, *sa* manière, d'être au monde. Et la construction intransitive — qu'il affectionne — lui permet de donner au mot son acception la plus large : aimer est la forme la plus pleine du « oui » au monde ; aimer fait advenir *ipso facto* le royaume, aussi fragile soit-il.

Ses premières œuvres, presque simultanément, interrogent l'amour entre l'enfant et sa mère et chantent les « noces » avec le monde à Tipasa. Dans leur sillage, l'amour, sous toutes ses formes, est sans cesse sondé ; car que veut dire « aimer » ? Meursault, Don Juan, Rieux, Clamence, Cormery — et aussi Camus dans ses essais et ses *Carnets* — apportent des réponses différentes mais qui convergent vers un refus des réponses toutes faites. Janine dans « La Femme adultère » vient ajouter la note discrète de la soif d'amour chantée au féminin.

On a dit que Camus n'avait pas écrit de romans d'amour ; *Le Premier Homme* l'eût été, de toute évidence : les plans et les fragments l'attestent. Mais son œuvre parcourt sans relâche la palette du rapport aux femmes, sur tous les modes, du plus lyrique au plus ironique. Le désir flambe entre les amants ; les jeux de la séduction se déploient. Le mystère est infini des couples qui se font ou se défont, des couples qui durent dans la tendresse ou dans l'indifférence, des couples séparés par la vie — ou par la mort. La souffrance arrive brutale, quand advient l'absence, et au cœur même de la présence, tant on quête, en vain, l'absolu dans l'amour. Le pire, encore, c'est de ne pas aimer, ou de ne plus aimer : l'indifférence ou l'oubli condamnent l'être.

Dans un monde sans Dieu, l'homme ne peut demander de comptes à personne. À la suite de Dostoïevski et de Nietzsche, Camus interroge violemment la figure du Dieu d'amour inconciliable avec la souffrance d'un enfant ; et pourtant la figure du Christ dit quelque chose de l'amour. Ainsi garanti par rien ni personne, l'amour se trouve également pris aux pièges de l'Histoire toute-puissante : quelles qu'elles soient, les « noces » sont minées par le règne de la haine, et plus encore parce que la lutte pour la justice laisse peu de place à la tendresse.

L'amour, pourtant, nourrit toute création en ce qu'il est le seul moyen d'irriguer la vie.

AMOUR MATERNEL

De ses écrits de jeunesse jusqu'au *Premier Homme*, Albert Camus ne cesse de méditer sur le rôle constitutif que joue son lien à sa mère. Dans « Entre oui et non » (*L'Envers et l'Endroit*), il a cette exclamation : « L'indifférence de cette mère étrange ! ». Le silence de cette mère, sourde et illettrée, devient l'un des fondements de son écriture, qui construit, œuvre après œuvre, une figure de mère écrasée par la vie mais tendre et généreuse, qui met également en évidence la grandeur et la dignité des pauvres.

« Le regard de sa mère, tremblant, doux, fiévreux, était posé sur lui avec une telle expression que l'enfant recula, hésita et s'enfuit. "Elle m'aime, elle m'aime donc", se disait-il dans l'escalier, et il comprenait en même temps que lui l'aimait éperdument, qu'il avait souhaité de toutes ses forces d'être aimé d'elle et qu'il en avait toujours douté jusque-là. »

LE PREMIER HOMME, OC IV, P. 796.

« L'enfant s'arrêtait alors sur le pas de la porte, le cœur serré, plein d'un amour désespéré pour sa mère et ce qui, dans sa mère, n'appartenait pas ou plus au monde et à la vulgarité des jours. »

LE PREMIER HOMME, OC IV, P. 846.

1. Illustration de José Muñoz pour *Le Premier Homme* d'Albert Camus, Futuropolis, 2013.

2. Catherine Camus, née Sintès, regardant une photo de son fils, 1957.

3. Catherine Camus, mère d'Albert.

4. *L'Envers et l'Endroit*, 1958, dactyl. avec corr. ms.

« Maman. La vérité est que, malgré tout mon amour, je n'avais pas pu vivre au niveau de cette patience aveugle, sans phrases, sans projets. Je n'avais pu vivre de sa vie ignorante. Et j'avais couru le monde, édifié, créé, brûlé les êtres. »

APPENDICES DU *PREMIER HOMME*, OC IV, P. 936.

« Rien ne m'empêche en tout cas de rêver que j'y réussirai, d'imaginer que je mettrai encore au centre de cette œuvre l'admirable silence d'une mère et l'effort d'un homme pour retrouver une justice ou un amour qui équilibre ce silence. »

PRÉFACE À *L'ENVERS ET L'ENDROIT*, OC I, P. 38.

AIMER SANS MESURE

« Il n'y a qu'un seul amour dans ce monde. Étreindre un corps de femme, c'est aussi retenir contre soi cette joie étrange qui descend du ciel vers la mer. »

«NOCES À TIPASA», *NOCES*, OC I, P. 107-108.

L'être humain a le droit et le devoir d'aimer sans mesure. Dans cet amour, Albert Camus englobe le monde et les êtres. Il assume le fait que cet amour soit imparfait et contradictoire et qu'il puisse entraîner la souffrance.

1. Stèle sculptée par Louis Bénisti et érigée sur le site de Tipasa en 1961 en hommage à Camus ; ces mots de « Noces à Tipasa » y sont sculptés : « Je comprends ici ce qu'on appelle gloire : le droit d'aimer sans mesure ». Photographie de Jean-Pierre Bénisti.

« Dans la lumière, le monde reste notre premier et notre dernier amour. »

L'HOMME RÉVOLTÉ, OC III, P. 323.

« L'amour véritable n'est pas un choix, ni une liberté. Le cœur, le cœur surtout n'est pas libre. Il est l'inévitable et la reconnaissance de l'inévitable. Et lui, vraiment, n'avait jamais aimé de tout son cœur que l'inévitable. Maintenant il ne lui restait plus qu'à aimer sa propre mort. »

APPENDICES DU *PREMIER HOMME*, OC IV, P. 939.

Albert Camus — Amour

2. « Si j'avais à écrire ici un livre de morale, il aurait cent pages et 99 seraient blanches. Sur la dernière j'écrirais : "Je ne connais qu'un seul devoir et c'est celui d'aimer". » *Carnets*, 1937, ms.

L'AMOUR DE VIVRE

Le titre de l'un des essais de *L'Envers et l'Endroit* vaut pour toute la vie et l'œuvre d'Albert Camus. L'objet de l'amour n'est pas « la vie » comme un donné, mais « vivre » en tant qu'action ; et vivre par un corps aux sensations multiples et inépuisables. C'est sans doute pour cette merveille-là que Camus déploie son lyrisme le plus frémissant.

1. « Il faut vivre et créer. Vivre à pleurer comme devant cette maison aux tuiles rondes et aux volets bleus sur un coteau planté de cyprès. » *Carnets*, septembre 1937, ms.

« "Aimez-vous donc cette terre à ce point ?", a-t-il murmuré. Je n'ai rien répondu. »
L'ÉTRANGER, OC I, P. 211.

« Festival d'Angers terminé. Fatigue heureuse. La vie, la merveilleuse vie, son injustice, sa gloire, sa passion, ses luttes, la vie recommence encore. Force encore de tout aimer et de tout créer. »
CARNETS, 1957, OC IV, P. 1257-1258.

2. Albert Camus dans les Vosges, 1950.

l'Amour de vivre

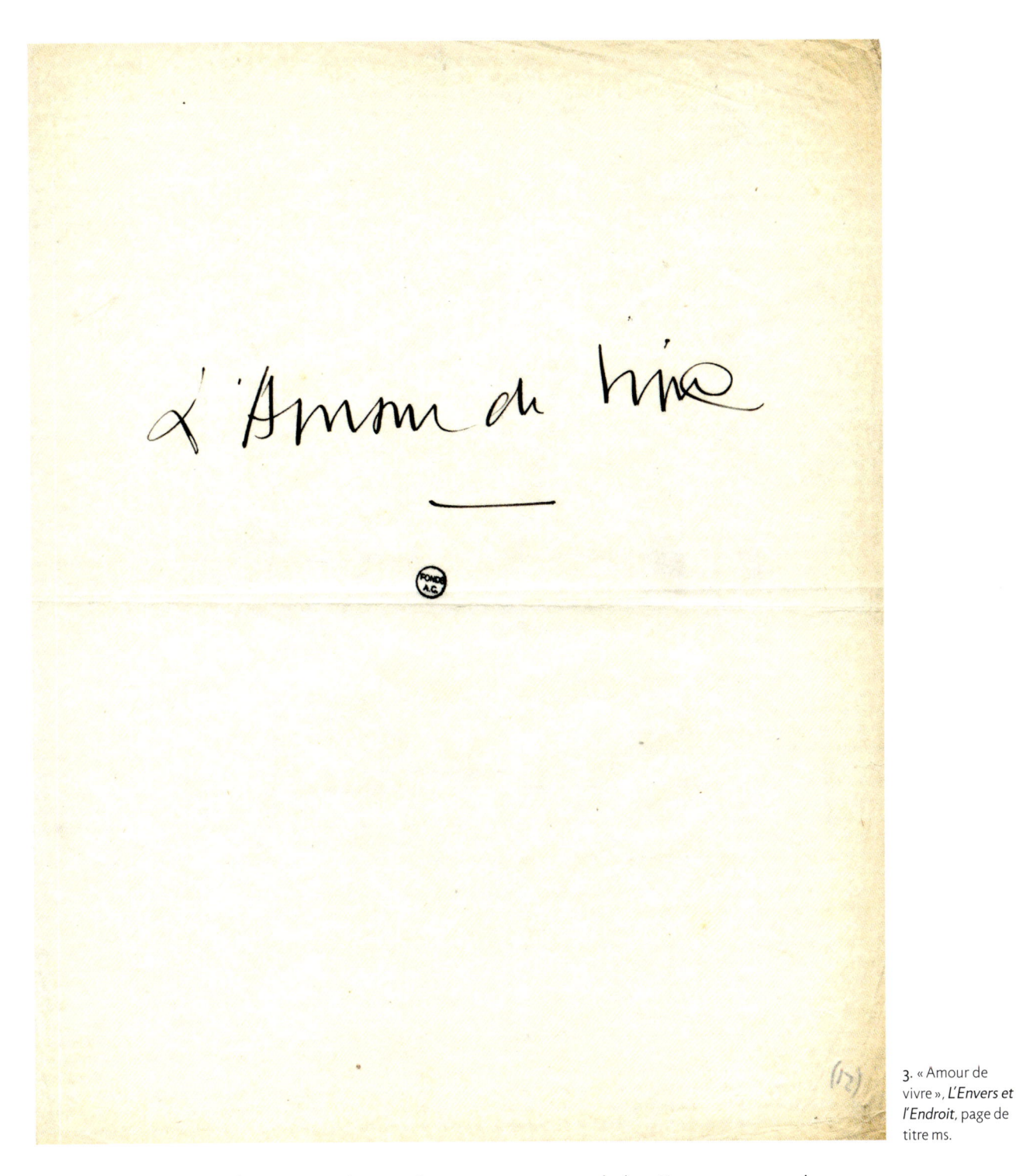

3. « Amour de vivre », *L'Envers et l'Endroit*, page de titre ms.

« Le grand courage, c'est encore de tenir les yeux ouverts sur la lumière comme sur la mort. Au reste, comment dire le lien qui mène de cet amour dévorant de la vie à ce désespoir secret. »

L'ENVERS ET L'ENDROIT, OC I, P. 71.

FEMMES

Les plus belles pages d'amour écrites par Albert Camus se trouvent dans les *Carnets* et dans les dossiers préparatoires au *Premier Homme*, dont la seconde partie aurait été dominée par une grande histoire d'amour de Jacques Cormery. Camus chante la joie amoureuse et la souffrance du désamour. Il ne célèbre pas l'amour unique mais ce que chaque amour a d'unique — irréductiblement.

« Quand elle a ri, j'ai eu encore envie d'elle. Un moment après, elle m'a demandé si je l'aimais. Je lui ai répondu que cela ne voulait rien dire, mais qu'il me semblait que non. »

L'ÉTRANGER, OC I, P. 161.

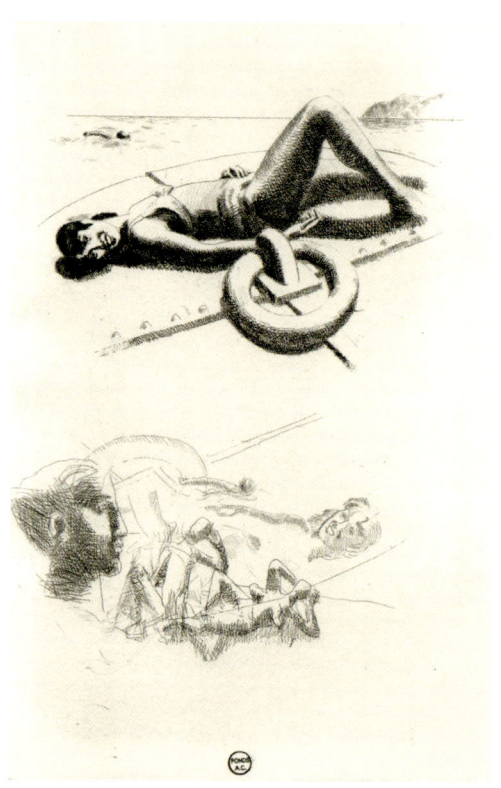

1. Marie, eau-forte de Mayo pour l'édition illustrée de *L'Étranger*, 1946 (Gallimard).

« Ils faisaient l'amour parce que leurs âmes n'en pouvaient plus du besoin de connaissance. »

APPENDICES DU *PREMIER HOMME*, OC IV, P. 979.

« Nous sommes du monde qui ne dure pas. Et tout ce qui ne dure pas — et rien que ce qui ne dure pas — est nôtre. Il s'agit ainsi de reprendre l'amour à l'éternité ou du moins à ceux qui le travestissent en image d'éternité. Je vois d'ici l'objection : c'est que vous n'avez jamais aimé. Laissons cela. »

CARNETS, 1943, OC II, P. 982.

2. Francine Camus à Oran, rue d'Arzew, 1941.

« De l'amour, je ne connais que ce mélange de désir, de tendresse et d'intelligence qui me lie à tel être. Ce composé n'est pas le même pour tel autre. Je n'ai pas le droit de recouvrir toutes ces expériences du même nom. [...] Il n'y a d'amour généreux que celui qui se sait en même temps passager et singulier. Ce sont toutes ces morts et toutes ces renaissances qui font pour Don Juan la gerbe de sa vie. C'est la façon qu'il a de donner et de faire vivre. »

LE MYTHE DE SISYPHE, OC I, P. 270.

« Mon rapport avec les femmes était naturel, aisé, facile comme on dit. Il n'y entrait pas de ruse ou seulement celle, ostensible, qu'elles considèrent comme un hommage. Je les aimais, selon l'expression consacrée, ce qui revient à dire que je n'en ai jamais aimé aucune. J'ai toujours trouvé la misogynie vulgaire et sotte, et presque toutes les femmes que j'ai connues, je les ai jugées meilleures que moi. Cependant, les plaçant si haut, je les ai utilisées plus souvent que servies. Comment s'y retrouver ? Bien entendu, le véritable amour est exceptionnel, deux ou trois par siècle à peu près. Le reste du temps, il y a la vanité ou l'ennui. »

CLAMENCE, DANS *LA CHUTE*, OC III, P. 722.

3. Avec Simone Hié, sa première épouse (à droite), et Mireille Bénisti, dans les ruines de Tipasa.

4. Jeanne Sicard, Christiane Galindo et Marguerite Dobrenn, vers 1937.

5. Blanche Balain, actrice et amie de Camus à l'époque du Théâtre de l'Équipe (1937-1939).

DÉSIRER

1. Avec Catherine Sellers lors de la première des *Possédés*, 31 janvier 1959.

Les métaphores naturelles affluent sous la plume de Camus pour dire la force du désir et l'intensité du plaisir. La jouissance partagée par un homme et une femme s'inscrit dans une érotique généralisée. Elle est en même temps le lieu d'une expérience radicale d'incomplétude : on ne possède jamais totalement un être.

2. Marie, eau-forte de Mayo pour l'édition illustrée de *L'Étranger*, 1946 (Gallimard).

« Des gens m'ont dit qu'il y avait un autre amour et que ce n'était pas aimer que de tant désirer la possession de ce qu'on aime — Ces gens-là parlaient avec certitude et je voyais bien qu'ils croyaient à ce qu'ils disaient. Mais moi je ne me suis jamais demandé auparavant comment il fallait aimer et l'amour m'avait toujours paru être au rang de ces choses dont on ne discute pas et qui vous arrivent comme le soleil ou la gelée, la neige des amandiers ou le vent hurlant du Sahara. Je veux dire que je n'avais jamais pensé qu'il fallût me préparer à l'amour ou me le soumettre. Je lui étais d'avance soumis et c'était encore trop dire puisque vous ne pouvez pas décider de vous soumettre d'avance au vent du soir ou à l'ouragan. »

APPENDICES DU *PREMIER HOMME*, OC IV, P. 994.

« Marie est venue, comme nous en étions convenus. J'ai eu très envie d'elle parce qu'elle avait une belle robe à raies rouges et blanches et des sandales de cuir. On devinait ses seins durs et le brun du soleil lui faisait un visage de fleur. »

L'ÉTRANGER, OC I, P. 160.

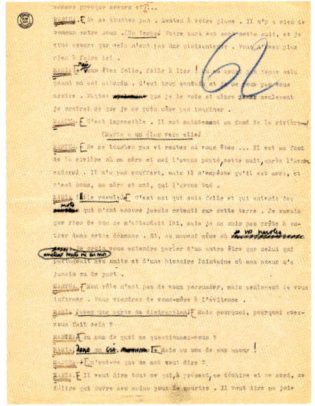

« On peut savoir ce qu'est la souffrance d'amour, on ne sait pas ce qu'est l'amour. Il est ici privation, regret, mains vides. Je n'aurai pas l'élan ; il me reste l'angoisse. Un enfer où tout suppose le paradis. C'est un enfer cependant. J'appelle vie et amour ce qui me laisse vide. Départ, contrainte, rupture, ce cœur sans lumière éparpillé en moi, le goût salé des larmes et de l'amour. »

CARNETS, 1941, OC II, P. 923.

3. Avec l'une des femmes de sa vie, Maria Casarès, 1949.

4. « MARIA, *avec une sorte de distraction* — « Pourquoi, pourquoi avez-vous fait cela ? / MARTHA — Au nom de quoi me questionnez-vous ? / MARIA, *dans un cri* — Au nom de mon amour ! » *Le Malentendu*, acte III, scène 3, dactyl. avec corr. ms.

« Amours. Il aurait voulu qu'elles fussent toutes vierges de passé et d'hommes. Et le seul être qu'il ait rencontré et qui le fut en effet, il lui avait voué sa vie mais n'avait jamais pu être lui-même fidèle. Il voulait donc que les femmes fussent ce qu'il n'était pas lui-même. Et ce qu'il était le renvoyait aux femmes qui lui ressemblaient et qu'il aimait et prenait alors avec rage et fureur. »

APPENDICES DU *PREMIER HOMME*, OC IV, P. 942.

5. Aux côtés de son amie Mi, après une représentation des *Possédés* à Lausanne, 31 octobre 1959.

1. Albert et Francine Camus.

COUPLES

Dans ses romans et ses nouvelles, Albert Camus a su peindre le compagnonnage que constitue la vie de couple — pour le meilleur et le pire. Inséparables ou désunis, les vieux couples prennent conscience, dans l'épreuve, du lien qui les attache l'un à l'autre. Mais une question s'impose : dans le couple, la femme n'aimerait-elle pas d'une manière plus totale, plus généreuse que l'homme ?

« JAN — *Tu ne dois pas douter de mon amour.*

MARIA — *Oh ! je n'en doute pas. Mais il y a ton amour et il y a tes rêves, ou tes devoirs, c'est la même chose. Tu m'échappes si souvent. C'est alors comme si tu te reposais de moi. Mais moi, je ne peux pas me reposer de toi…* »

LE MALENTENDU, I, 4, OC I, P. 463.

« Mme Castel, quelques jours avant l'épidémie, s'était rendue dans une ville voisine. Ce n'était même pas un de ces ménages qui offrent au monde l'exemple d'un bonheur exemplaire et le narrateur est en mesure de dire que, selon toute probabilité, ces époux, jusqu'ici, n'étaient pas certains d'être satisfaits de leur union. Mais cette séparation brutale et prolongée les avait mis à même de s'assurer qu'ils ne pouvaient vivre éloignés l'un de l'autre, et qu'auprès de cette vérité soudain mise au jour, la peste était peu de chose. »

LA PESTE, OC II, P. 80.

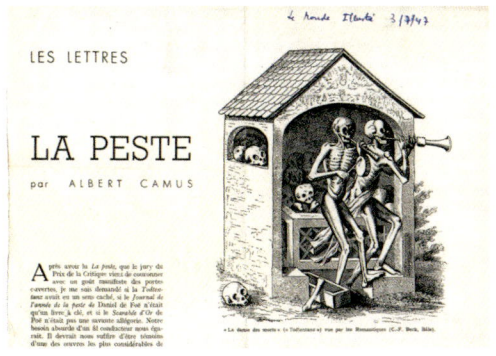

2. Un couple, Prague. Photographie de Jean-Pierre Bénisti.

3. « *La Peste* par Albert Camus », *Le Monde illustré*, 3 juillet 1947.

« Le reste de l'histoire, selon Grand, était très simple. Il en est ainsi pour tout le monde : on se marie, on aime encore un peu, on travaille. On travaille tant qu'on en oublie d'aimer. Jeanne aussi travaillait, puisque les promesses du chef de bureau n'avaient pas été tenues. Ici, il fallait un peu d'imagination pour comprendre ce que voulait dire Grand. La fatigue aidant, il s'était laissé aller, il s'était tu de plus en plus et il n'avait pas soutenu sa jeune femme dans l'idée qu'elle était aimée. Un homme qui travaille, la pauvreté, l'avenir lentement fermé, le silence des soirs autour de la table, il n'y a pas de place pour la passion dans un tel univers. Probablement, Jeanne avait souffert. Elle était restée cependant : il arrive qu'on souffre longtemps sans le savoir. »

LA PESTE, OC II, P. 89.

UN DIEU D'AMOUR ?

Dans l'univers camusien, Dieu ne saurait être une figure de l'amour ; il est indifférent au mal, voire assez cruel pour déchaîner celui-ci dans le monde. Seule la figure du Christ souffrant peut parler d'amour, et susciter chez l'être humain un amour qui ne le détourne pas des autres hommes.

1. À Angers, 1952.

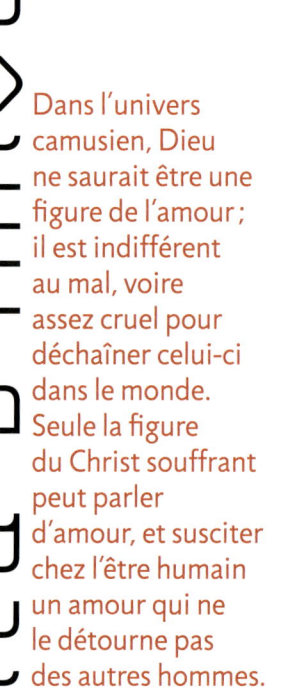

« "Non, mon père, dit-il. Je me fais une autre idée de l'amour. Et je refuserai jusqu'à la mort d'aimer cette création où des enfants sont torturés." »

LA PESTE, OC II, P. 184.

« MARTHA — Priez votre Dieu qu'il vous fasse semblable à la pierre. C'est le bonheur qu'il prend pour lui, c'est le seul vrai bonheur. Faites comme lui, rendez-vous sourde à tous les cris, rejoignez la pierre pendant qu'il en est temps. »

LE MALENTENDU, III, 3, OC I, P. 496-497.

2. Lettre de Francis Ponge à Albert Camus, 12 septembre 1943, ms. Francis Ponge avait interrogé son ami sur ses relations avec les catholiques dans une lettre du 21 août 1943 : « J'espère que ce n'est pas un "interrogatoire d'orthodoxie", s'était d'abord étonné Camus. Mais cependant voilà (ou à peu près) : j'ai des amis catholiques, et pour ceux d'entre eux qui le sont vraiment, j'ai plus que de la sympathie, j'ai le sentiment d'une partie liée. »

« Le Nouveau Testament peut être considéré comme une tentative de répondre, par avance, à tous les Caïn du monde, en adoucissant la figure de Dieu, et en suscitant un intercesseur entre lui et l'homme. Le Christ est venu résoudre deux problèmes principaux, le mal et la mort, qui sont précisément les problèmes des révoltés. Sa solution a consisté d'abord à les prendre en charge. Le Dieu-homme souffre aussi, avec patience. Le mal ni la mort ne lui sont plus absolument imputables, puisqu'il est déchiré et meurt. »

« Le Nouveau Testament peut être considéré comme une tentative de répondre, par avance, à tous les Caïn du monde, en adoucissant la figure de Dieu, et en suscitant un intercesseur entre lui et l'homme. Le Christ est venu résoudre deux problèmes principaux, le mal et la mort, qui sont précisément les problèmes des révoltés. Sa solution a consisté d'abord à les prendre en charge. Le Dieu-homme souffre aussi, avec patience. Le mal ni la mort ne lui sont plus absolument imputables, puisqu'il est déchiré et meurt. »

« *Et ce dieu, s'il vous touche, c'est par son visage d'homme. [...] Le christianisme à cet égard l'a compris. Et s'il nous a touchés si avant c'est par son Dieu fait homme.* »

CARNETS, 1940, OC II, P. 909.

3. *Christ en croix et saint Luc* de Zurbarán, Madrid, musée du Prado.

L'AMOUR ET L'HISTOIRE

Amour et Histoire sont en tension constante : l'Histoire implique le « non » de la révolte, qui risque de ne plus laisser de place pour le « oui » de l'amour, alors même que la révolte se défigure dans cette perte de l'amour et de la tendresse pour l'être humain.

« DORA — Et si l'humanité entière rejette la révolution ? Et si le peuple entier, pour qui tu luttes, refuse que ses enfants soient tués ? Faudra-t-il le frapper aussi ?

STEPAN — Oui, s'il le faut, et jusqu'à ce qu'il comprenne. Moi aussi, j'aime le peuple.

DORA — L'amour n'a pas ce visage.

STEPAN — Qui le dit ?

DORA — Moi, Dora. »

LES JUSTES, II, OC III, P. 21.

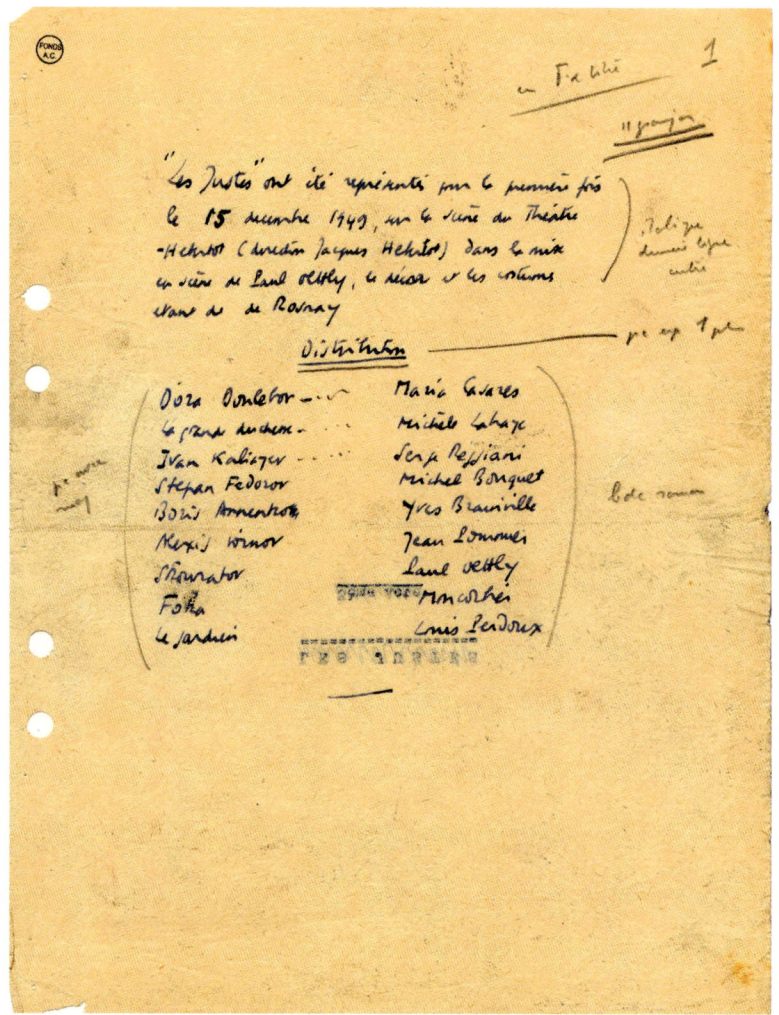

1. Distribution des *Justes*, ms.

« Cette folle générosité est celle de la révolte, qui donne sans tarder sa force d'amour et refuse sans délai l'injustice. Son honneur est de ne rien calculer, de tout distribuer à la vie présente et à ses frères vivants. C'est ainsi qu'elle prodigue aux hommes à venir. La vraie générosité envers l'avenir consiste à tout donner au présent. »

L'HOMME RÉVOLTÉ, OC III, P. 322.

2. Maria Casarès (Dora) et Serge Reggiani (Kaliayev) dans *Les Justes* au Théâtre Hébertot en décembre 1949, dans une mise en scène de Paul Oettly.

« DORA — Il y a trop de sang, trop de dure violence. Ceux qui aiment vraiment la justice n'ont pas droit à l'amour. Ils sont dressés comme je suis, la tête levée, les yeux fixes. Que viendrait faire l'amour dans ces cœurs fiers ? L'amour courbe doucement les têtes, Yanek. Nous, nous avons la nuque raide.

KALIAYEV — Mais nous aimons notre peuple.

DORA — Nous l'aimons, c'est vrai. Nous l'aimons d'un vaste amour sans appui, d'un amour malheureux. Nous vivons loin de lui, enfermés dans nos chambres, perdus dans nos pensées. Et le peuple, lui, nous aime-t-il ? Sait-il que nous l'aimons ? Le peuple se tait. Quel silence, quel silence...

KALIAYEV — Mais c'est cela l'amour, tout donner, tout sacrifier sans espoir de retour.

DORA — Peut-être. C'est l'amour absolu, la joie pure et solitaire, c'est celui qui me brûle en effet. À certaines heures, pourtant, je me demande si l'amour n'est pas autre chose, s'il peut cesser d'être un monologue, et s'il n'y a pas une réponse, quelquefois. J'imagine cela, vois-tu : le soleil brille, les têtes se courbent doucement, le cœur quitte sa fierté, les bras s'ouvrent. Ah ! Yanek, si l'on pouvait oublier, ne fût-ce qu'une heure, l'atroce misère de ce monde et se laisser aller enfin. Une seule petite heure d'égoïsme, peux-tu penser à cela ?

KALIAYEV — Oui, Dora, cela s'appelle la tendresse. »

LES JUSTES, III, OC III, P. 29-30.

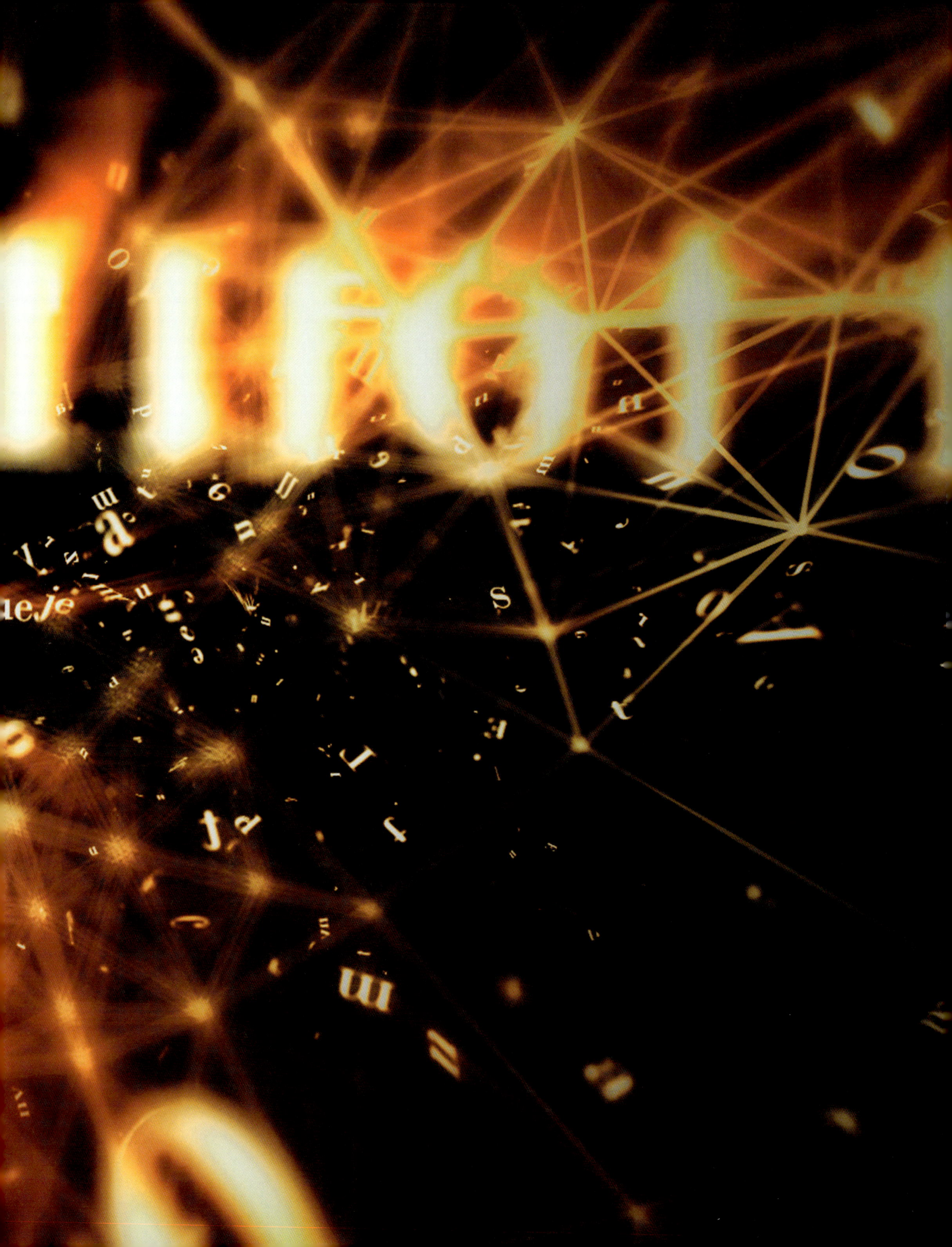

10 Royaume

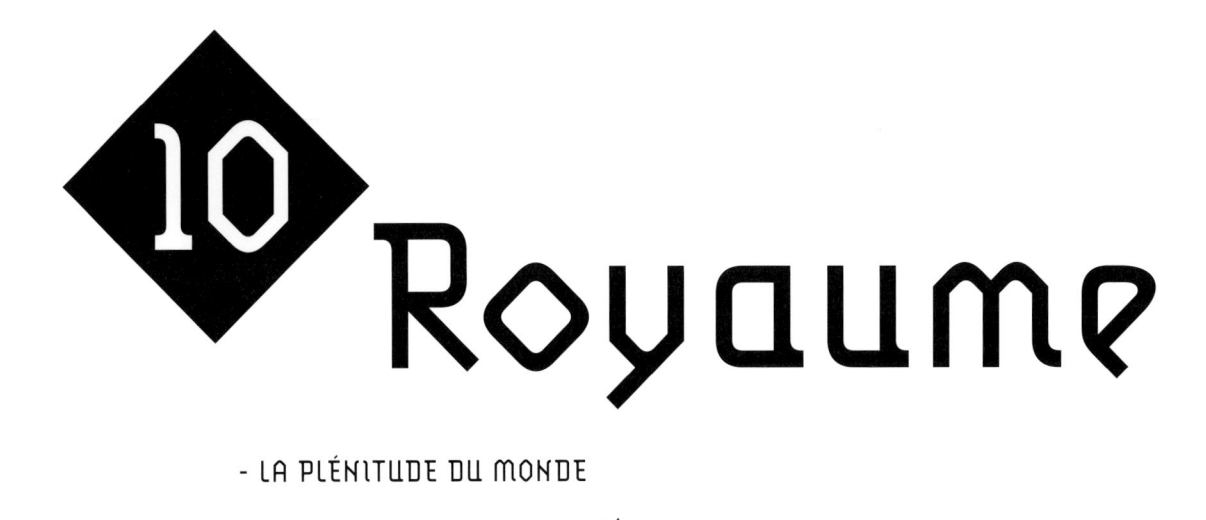

- LA PLÉNITUDE DU MONDE
- L'ABSURDE ET COMMENT L'ÉQUILIBRER ?
- CONSTRUIRE LE ROYAUME ?
- LE ROYAUME DE L'AMOUR
- LA CRÉATION
- ROYAUME D'ENFANCE
- LA MER

> *Chapitre trois*
>
> *Notre royaume*
> *n'est de ce monde.*

Titre prévu pour le chapitre trois d'un roman autobiographique, *Louis Raingeard*, que Camus esquisse dans les années 1934-1936, ms.

« Je suis heureux dans ce monde car mon royaume est de ce monde. »

CARNETS, 1936, OC II, P. 799

Le royaume est un lieu, mais un lieu particulier, dont l'envers a nom exil : il est ce lieu dont les hommes ont beaucoup rêvé, où l'amour, le bonheur, la beauté, la durée indéfinie, voire l'immortalité règnent. La quête pour dresser sa topographie et la liste des éléments et des couleurs qui le composent est inlassable : est-il accessible, peut-on l'entrevoir, ne le reconnaît-on que lorsqu'on s'en éloigne ou le quitte, est-il situé dans un autre monde, ne le découvre-t-on que sous des formes plus ou moins impures, chargé de scories qui le défigurent, en est-on réduit à l'imaginer, à le créer par opposition au monde existant ?

Pour Albert Camus, le royaume n'est pas situé dans un autre monde, il est de ce monde, fait de terre, de mer, de ciels, de lumière, de couleurs et de corps, et c'est dans le présent de ce monde que l'écrivain entend pleinement aimer, rencontrer le bonheur et la beauté, vivre l'accord avec ce monde, les « instants parfaits », l'union, l'unité. En somme, le royaume est le monde perçu et vécu sous son aspect de plénitude sacrée. Mais sous elle se cache une vérité qui se révèle tôt ou tard : l'homme est souffrant et mortel et ne peut pas ne pas faire l'expérience de l'absurde ; il peut alors répondre en essayant d'équilibrer l'absurde par le choix de l'impossible comme *Caligula*, par la radicalisation du mal comme le renégat, ou par la correction de la création. La révolution a suivi cette dernière voie en essayant de construire le royaume de la justice qui remplacerait le royaume de la grâce (de la foi religieuse) perdue : elle a malheureusement échoué. L'amour sauve de l'absurde et découvre le royaume, mais il a ses faux-semblants et ses défaillances : il ne dure pas, la beauté passe et la mort finit par emporter la mise. Le royaume entrevu, vécu demeure toujours menacé.

Restent d'autres voies pour équilibrer l'absurde et faire surgir, de manière inconsciente parfois, la présence du royaume : la correction de la création du Créateur dans l'œuvre d'art et le bonheur propre à l'acte de création, individuel ou en équipe ; les jeux de l'enfant, notamment à l'école, lieu possible du bonheur, et la découverte de la lecture ; l'amour de la mer, « qui me précède et me

LA PLÉNITUDE DU MONDE

« *Chaque être rencontré, chaque odeur de cette rue, tout m'est prétexte pour aimer sans mesure.* »
L'ENVERS ET L'ENDROIT, OC I, P. 61.

1. *L'Envers et l'Endroit*, page de titre, ms.

2. Tipasa.

Le désir de découvrir le royaume, ce lieu rêvé que n'atteint plus la détresse et où l'on naît à la plénitude, anime chaque homme. L'écrivain ne l'imagine nulle part ailleurs que dans ce monde : il s'y voudrait porté par un amour sans mesure, vivant à l'unisson avec le soleil et la mer, proche du cœur sacré de la terre.

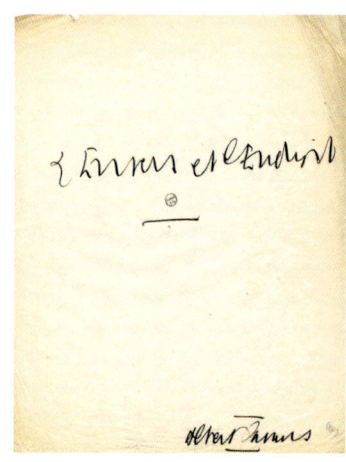

« Laissez donc ceux qui veulent tourner le dos au monde. Je ne me plains pas puisque je me regarde naître. À cette heure, tout mon royaume est de ce monde. »
L'ENVERS ET L'ENDROIT, OC I, P. 71.

« Sentir ses liens avec une terre, son amour pour quelques hommes, savoir qu'il est toujours un lieu où le cœur trouvera son accord, voici déjà beaucoup de certitudes pour une seule vie d'homme. Et sans doute cela ne peut suffire. Mais à cette patrie de l'âme tout aspire à certaines minutes. "Oui, c'est là-bas qu'il nous faut retourner." Cette union que souhaitait Plotin, quoi d'étrange à la retrouver sur la terre ? L'Unité s'exprime ici en termes de soleil et de mer. »
NOCES, OC I, P. 124.

« À midi montée au sommet du Cynthe, et les golfes autour, la lumière, les rouges et les blancs ; tout le cercle des Cyclades tourne lentement autour de Délos, sur la mer éclatante, dans un mouvement, sorte de danse immobile. Ce monde des îles si étroit et si vaste me paraît être le cœur du monde. Et au centre de ce cœur se tient Délos et cette cime où je suis, d'où je peux regarder sous la droite et pure lumière du monde le cercle parfait qui limite mon royaume. »

CARNETS, 1955, OC IV, P. 1230.

3. *Délos* [Le Cynthe] (1840), par Carl Rottmann.

L'ABSURDE ET COMMENT L'ÉQUILIBRER ?

Ce royaume est pourtant, à peine entrevu, menacé par le temps qui passe et par les mille formes de dangers que courent les mortels. Plus l'amour et l'amour de la vie sont intenses, plus ils rendent la conscience de l'absurde aiguë. Et par là-même, ils sont susceptibles de provoquer des conduites absurdes extrêmes.

« S'il suffisait d'aimer, les choses seraient trop simples. Plus on aime et plus l'absurde se consolide. »

LE MYTHE DE SISYPHE, OC I, P. 267.

1. Lettre d'Albert Camus à Gaston Gallimard, 22 septembre 1942. Camus adresse à son éditeur la prière d'insérer du *Mythe de Sisyphe* : « Cet essai tient compte [...] des lumières que nous avons prises de notre exil. Il propose à l'esprit de vivre avec ses négations et d'en faire le principe d'un progrès. »

2. « Le Don juanisme », *Le Mythe de Sisyphe*, épreuves avec corr. ms.

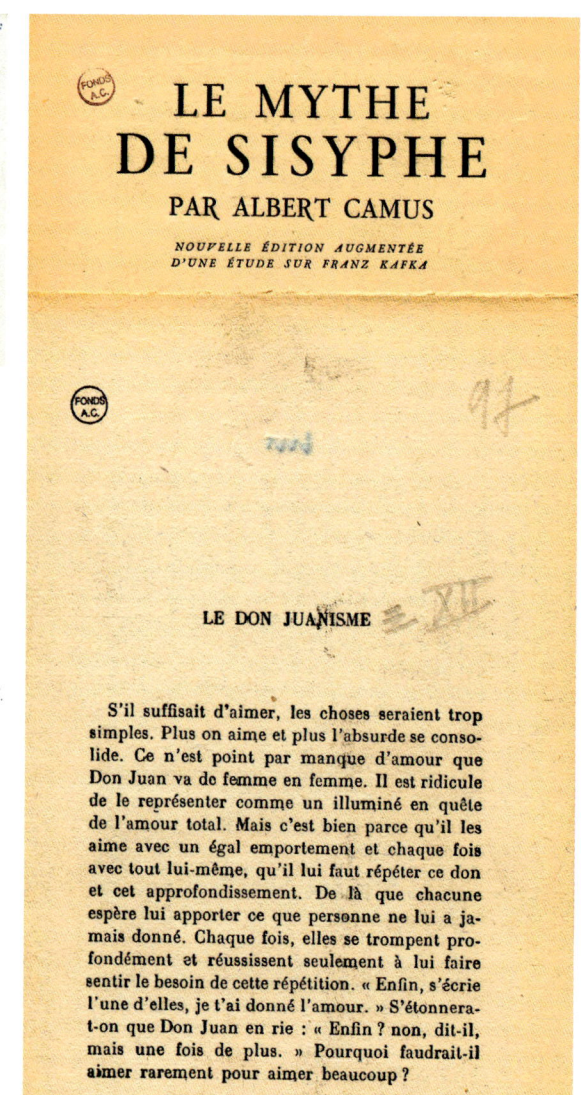

Albert Camus — Royaume
186/187

« Toi [Caesonia] aussi, tu me crois fou. Et pourtant, qu'est-ce qu'un dieu pour que je désire m'égaler à lui ? Ce que je désire de toutes mes forces, aujourd'hui, est au-dessus des dieux. Je prends en charge un royaume où l'impossible est roi. »

CALIGULA, I, 11 OC I, P. 338-339.

3. Programme pour la reprise de *Caligula* au Festival d'Angers, 1957.

4. Illustration de Pierre-Yves Trémois pour *Caligula*, dans *Récits et théâtre*, édition illustrée, 1958 (Gallimard).

5. « Le Renégat », *L'Exil et le Royaume*, dactyl. avec corr. ms.

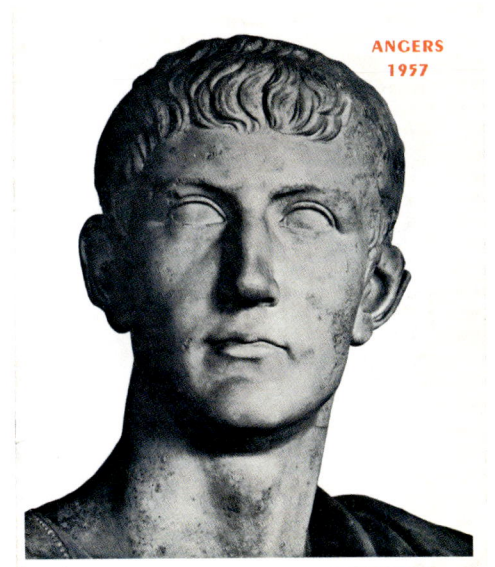

« Seul le mal peut aller jusqu'à ses limites et régner absolument, c'est lui qu'il faut servir pour installer son royaume visible, ensuite on avisera, ensuite qu'est-ce que ça veut dire, seul le mal est présent, à bas l'Europe, la raison et l'honneur et la croix. »

LE RENÉGAT, OC IV, P. 29.

CONSTRUIRE LE ROYAUME ?

Une des tentatives pour fonder le royaume a consisté à le construire par l'action politique : la Création, jugée manquée, doit être corrigée. Il s'agit alors d'un royaume purement terrestre où la justice remplacera la grâce divine : son règne compensera toutes les promesses d'un au-delà mensonger. Mais que se passe-t-il, si, malgré tous les efforts et les sacrifices, la justice demeure, elle aussi, hors d'atteinte ?

1. Répression de manifestants en Russie avant 1914, par Gerasimov.

« Mais tous, dans le même temps, ont cherché à construire un royaume purement terrestre où régnerait la règle de leur choix. Rivaux du Créateur, ils ont été conduits logiquement à refaire la création à leur compte. »

L'HOMME RÉVOLTÉ, OC III, P. 145-146.

« Il faut bâtir alors le seul royaume qui s'oppose à celui de la grâce, celui de la justice, et réunir enfin la communauté humaine sur les débris de la communauté divine. Tuer Dieu et bâtir une Église, c'est le mouvement constant et contradictoire de la révolte. La liberté absolue devient enfin une prison de devoirs absolus, une ascèse collective, une histoire pour finir. »

L'HOMME RÉVOLTÉ, OC III, P. 148.

« *Mais le royaume s'est éloigné, de prodigieuses guerres ont ravagé la plus vieille des terres, le sang des révoltés a couvert les murs des villes, et la justice totale ne s'est pas rapprochée. La question du XXᵉ siècle, dont les terroristes de 1905 sont morts et qui déchire le monde contemporain, s'est peu à peu précisée : comment vivre sans grâce et sans justice ?* »
L'HOMME RÉVOLTÉ, OC II, P. 255.

« *S'il est sûr que le royaume arrivera, qu'importent les années ? La souffrance n'est jamais provisoire pour celui qui ne croit pas à l'avenir. Mais cent années de douleur sont fugitives au regard de celui qui affirme, pour la cent unième année, la cité définitive.* »
L'HOMME RÉVOLTÉ, OC III, P. 239.

2. « Kaliayev au moment de son arrestation ». Mention ms. d'Albert Camus. L'attentat contre le grand-duc Serge en 1905 inspire à Albert Camus *Les Justes*.

Иванъ Платоновичъ
КАЛЯЕВЪ
(съ карточки, снятой сейчасъ же послѣ взрыва).

Kaliayev au moment de son arrestation

LE ROYAUME DE L'AMOUR

« L'amour de cette femme, c'est mon royaume à moi. »
L'ÉTAT DE SIÈGE, III, OC II, P. 358.

L'amour est à la fois ce qui fait oublier l'absurde et nous y précipite, ce qui mène au royaume et se prête au cynisme. Il rend sensible au caractère éphémère de la passion et de la beauté, au vieillissement : il rappelle constamment à l'homme qu'il est un être temporel. Existe-t-il au-delà de cette hantise des instants qui échappent au temps ?

1. Maria Casarès (Victoria) et Jean-Louis Barrault (Diego) dans *L'État de siège*, au théâtre Marigny, en 1948.

« Alors, le sang en feu, elle voulait fuir, fuir vers un pays où personne ne vieillirait ni ne mourrait, où la beauté serait impérissable, la vie serait toujours sauvage et éclatante, et qui n'existait pas ; elle pleurait dans ses bras au retour et il l'aimait désespérément. »
LE PREMIER HOMME, OC IV, P. 914.

« Misère et grandeur de ce monde : il n'offre point de vérités mais des amours. L'Absurdité règne et l'amour en sauve. »
CARNETS, 1938, OC II, P. 855.

2. Une caravane dans le grand désert du Niger. Extrait de *Publication du centenaire de l'Algérie*, 1929.

3. « La Femme adultère », *L'Exil et le Royaume*, couverture illustrée par Clairin.

« *Depuis toujours, sur la terre sèche, raclée jusqu'à l'os, de ce pays démesuré, quelques hommes cheminaient sans trêve, qui ne possédaient rien mais ne servaient personne, seigneurs misérables et libres d'un étrange royaume. Janine ne savait pas pourquoi cette idée l'emplissait d'une tristesse si douce et si vaste qu'elle lui fermait les yeux. Elle savait seulement que ce royaume, de tout temps, lui avait été promis et que jamais, pourtant, il ne serait le sien, plus jamais, sinon à ce fugitif instant, peut-être, où elle rouvrit les yeux sur le ciel soudain immobile, et sur ses flots de lumière figée, pendant que les voix qui montaient de la ville arabe se taisaient brusquement. Il lui sembla que le cours du monde venait alors de s'arrêter et que personne, à partir de cet instant, ne vieillirait plus ni ne mourrait. En tous lieux, désormais, la vie était suspendue, sauf dans son cœur où, au même moment, quelqu'un pleurait de peine et d'émerveillement.* »

« LA FEMME ADULTÈRE », OC IV, P. 13-14.

1. « Jonas ou l'artiste au travail », *L'Exil et le Royaume*, page de titre, épreuve avec corr. ms.

2. *L'Étranger*, feuillet du dernier chapitre, ms.

LA CRÉATION

« *Qu'est-ce que le roman, en effet, sinon cet univers où l'action trouve sa forme, où les mots de la fin sont prononcés, les êtres livrés aux êtres, où toute vie prend le visage du destin. Le monde romanesque n'est que la correction de ce monde-ci, suivant le désir profond de l'homme.* »

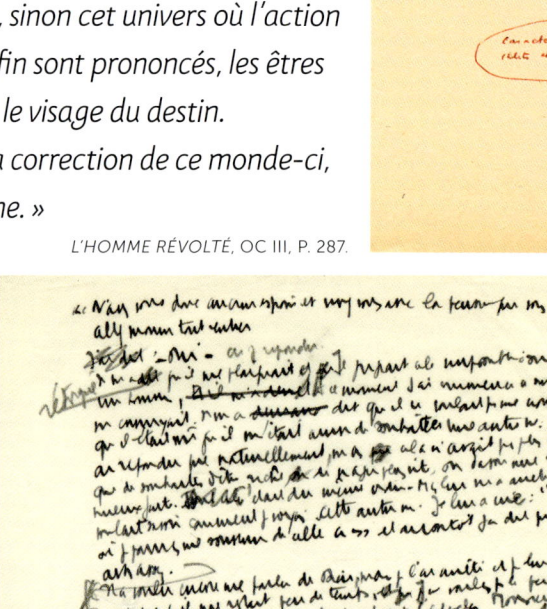

L'HOMME RÉVOLTÉ, OC III, P. 287.

L'artiste corrige lui aussi le monde en créant des mondes fictifs et, en même temps, l'acte de création, dont il n'est jamais sûr qu'il réussisse, peut lui procurer un bonheur intense. En somme, l'artiste crée pour lui-même et pour les autres des royaumes imaginaires par lesquels « il aide à vivre ».

« J'aime peindre. Je voudrais peindre ma vie entière, jour et nuit. »

« JONAS », OC IV, P. 75.

« Je n'ai pas trouvé d'autre justification à ma vie que cet effort de création. Pour presque tout le reste, j'ai failli. Et si ceci ne me justifie pas, ma vie ne méritera pas qu'on l'absolve. »

CARNETS, 1953, OC IV, P. 1160.

« Je n'ai pas trouvé d'autre justification à ma vie que cet effort de création. Pour presque tout le reste, j'ai failli. Et si ceci ne me justifie pas, ma vie ne méritera pas qu'on l'absolve. »

« De ce point de vue, le théâtre est mon couvent. L'agitation du monde meurt au pied de ses murs et à l'intérieur de l'enceinte sacrée, pendant deux mois, voués à une seule méditation, tournés vers un seul but, une communauté de moines travailleurs, arrachés au siècle, préparent l'office qui sera célébré un soir pour la première fois. »

«POURQUOI JE FAIS DU THÉÂTRE?», OC IV, P. 605.

3. Albert Camus pendant la répétition de *La Dévotion à la croix* au festival d'Angers en 1953.

4. Fra Angelico, *Conversion de saint Augustin*, XVᵉ siècle. Carte postale conservée par Albert Camus.

ROYAUME D'ENFANCE

« *La mer était douce, tiède, le soleil léger maintenant sur les têtes mouillées, et la gloire de la lumière emplissait ces jeunes corps d'une joie qui les faisait crier sans arrêt. Ils régnaient, sur la vie et sur la mer, et ce que le monde peut donner de plus fastueux, ils le recevaient et en usaient sans mesure, comme des seigneurs assurés de leurs droits leurs richesses irremplaçables.* »

LE PREMIER HOMME, OC IV, P. 770.

Nul doute que les royaumes de l'enfance, imaginaires et pourtant tellement réels, figurent parmi les plus mémorables. À souligner combien, dans une vie d'enfant pauvre, l'école et la lecture comptent.

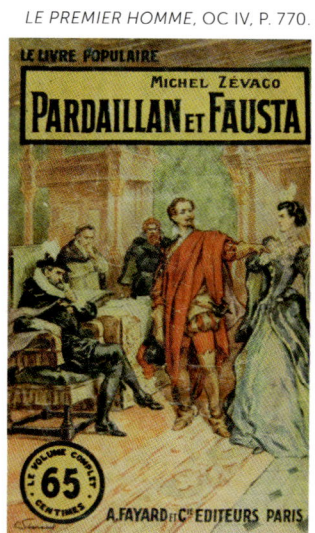

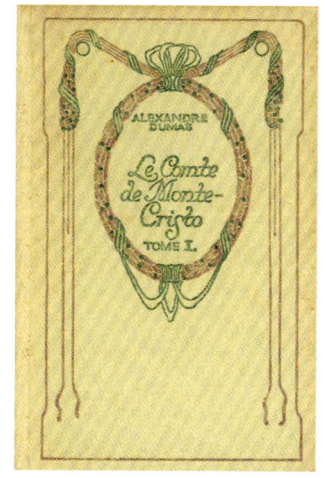

1. Michel Zévaco, *Pardaillan et Fausta*, Arthème Fayard, 1913 (« Le Livre populaire »).

2. *Le Comte de Monte-Cristo* dans la « Collection Nelson ».

3. Enfant se baignant devant le Chenoua, photographie d'Emmanuel Boudot-Lamotte.

« *Leur grand auteur était en effet Michel Zévaco, et la Renaissance, surtout italienne, aux couleurs de la dague et du poison, au milieu des palais romains et florentins et des fastes royaux ou pontificaux, était le royaume préféré de ces deux aristocrates qu'on voyait parfois dans la rue jaune et poussiéreuse où habitait Pierre [...] disputer entre les poubelles de fougueux duels dont leurs doigts ensuite portaient longtemps les traces.* »

LE PREMIER HOMME, OC IV, P. 890.

« Les jours d'averse, le sol saturé d'eau de la cour humide laissait couler le surplus des pluies à l'intérieur des caves régulièrement inondées, et, montés sur de vieilles caisses, ils jouaient aux Robinsons loin du ciel pur et des vents de la mer, triomphants dans leur royaume de misère. »

LE PREMIER HOMME, OC IV, P. 768.

« Jacques, dont les camarades moquaient l'accoutrement, n'avait plus que la ressource de faire bouffer ses imperméables à la ceinture pour rendre original ce qui était ridicule. Au reste ces courtes hontes étaient vite oubliées en classe, où Jacques reprenait l'avantage, et dans la cour de récréation, où le football était son royaume. Mais ce royaume était interdit. Car la cour était cimentée et les semelles s'y usaient avec une telle rapidité que la grand-mère avait interdit à Jacques de jouer au football pendant les récréations. »

LE PREMIER HOMME, OC IV, P. 791.

4. École primaire à Alger, années 1910-1920.

« Point de patrie pour le désespéré et moi, je sais que la mer me précède et me suit, j'ai une folie toute prête. Ceux qui s'aiment et qui sont séparés peuvent vivre dans la douleur, mais ce n'est pas le désespoir : ils savent que l'amour existe. Voilà pourquoi je souffre, les yeux secs, de l'exil. J'attends encore. Un jour vient, enfin… »

L'ÉTÉ, OC III, P. 617.

LA MER

De tous les royaumes entrevus par l'écrivain, le plus constamment évoqué est peut-être la mer. Le jeu avec les vagues, la nage, le plongeon ou la navigation semblent toujours à nouveau concrétiser « une promesse de bonheur ».

« J'ai toujours eu l'impression de vivre en haute mer, menacé, au cœur d'un bonheur royal. »

L'ÉTÉ, OC III, P. 623.

1. Albert Camus dans le train à son retour de Stockholm, 1957. Photographie de Michel Gallimard.

2. « La mer au plus près », *L'Été*, dans *La Nouvelle NRF* de janvier 1954, épreuves.

3. Francine et
Albert Camus,
à Canastel, près
d'Oran, 1942.

« Que faire si je n'ai de mémoire que pour une seule image ? »

L'ÉTÉ, OC III, P. 616.

CHRONOLOGIE

1913 Albert Camus naît le 7 novembre, à Mondovi (Algérie). Il est le fils de Lucien Camus qui meurt d'une blessure reçue lors de la bataille de la Marne en septembre 1914, et de Catherine Sintès.

1914 Catherine Sintès, veuve de guerre, retourne chez sa mère à Alger dans le quartier de Belcourt avec ses deux fils.

1918-1923 Camus fréquente l'école communale de la rue Aumerat. L'instituteur Louis Germain prépare l'enfant au concours des bourses. Devenu Prix Nobel de littérature, Camus lui dédiera les *Discours de Suède*.

1923-1930 Camus fait ses études secondaires au Grand Lycée d'Alger. Il devient gardien de but de l'équipe de football junior du Racing Universitaire d'Alger. À dix-sept ans, il est atteint de la tuberculose. Élève en classe de philosophie de Jean Grenier, il deviendra plus tard son ami.

1931-1932 Camus s'installe chez son oncle Acault, boucher de profession, qui lui ouvre sa bibliothèque et lui fait découvrir l'œuvre d'André Gide. Il obtient le baccalauréat. Ses premières publications paraissent dans la revue *Sud*. Il se lie d'amitié, en classe préparatoire supérieure, avec André Belamich et Claude de Fréminville.

1933-1934 Camus lit *La Douleur* d'André de Richaud, *Les Îles* de Jean Grenier et *Les Nourritures terrestres* de Gide qui le marquent profondément. Il propose des articles dans *Alger-Étudiant*. Il devient l'ami du peintre Louis Bénisti et se marie avec Simone Hié, dont il se séparera en 1936.

1935-1936 Camus obtient sa licence de philosophie. Il adhère au Parti Communiste Algérien qu'il quitte un an plus tard. Il participe, dans son orbite, à la fondation du Théâtre du Travail, dont l'éditeur algérois Edmond Charlot publie le collectif *Révolte dans les Asturies*. Il obtient le Diplôme d'études supérieures de philosophie consacré à Plotin et saint Augustin (*Métaphysique chrétienne et néoplatonisme*). Il voyage aux Baléares et en Europe de l'Est.

1937-1938 *L'Envers et l'Endroit* est publié chez Charlot. Camus se rend en France et en Italie. Il rencontre Francine Faure. Il fonde le Théâtre de l'Équipe. Pour vivre, il exerce des petits métiers, puisque la tuberculose lui interdit d'enseigner dans la fonction publique. Il découvre l'œuvre de Nietzsche et de Kierkegaard. Il devient rédacteur à *Alger Républicain*, fondé et dirigé par Pascal Pia ; il y publie entre autres des comptes rendus de procès, des articles de critique littéraire et quelques grandes enquêtes comme « Misère de la Kabylie ».

1939-1940 Camus travaille à l'écriture de *Caligula* et publie *Noces* chez Charlot. Souhaitant s'engager lors de la déclaration de la guerre, il est réformé pour raison de santé. *Alger Républicain* puis *Soir Républicain*, en butte à la censure, cessent de paraître. Camus part à Paris pour trouver du travail : il rejoint Pascal Pia à *Paris-Soir*. Il épouse Francine Faure.

1941 Licencié de *Paris-Soir*, Camus revient à Oran où il enseigne dans des écoles privées. Francine est institutrice suppléante. La première version de *Caligula*, *Le Mythe de Sisyphe* et *L'Étranger*, les trois ouvrages du cycle de l'Absurde, sont achevés.

1942 Camus se lie d'amitié avec Emmanuel Roblès. Il subit une rechute de tuberculose. Gallimard publie *L'Étranger*. Camus quitte l'Algérie pour raisons de santé et s'installe au Panelier (Haute-Loire). Il lit Melville, Stendhal, Balzac, Homère, Flaubert et il découvre Proust et Spinoza. *Le Mythe de Sisyphe* est publié. En novembre 1942, la zone libre est occupée. Jusqu'à la Libération, il est séparé de sa femme rentrée à Oran.

1943 Camus entre en contact avec la Résistance dans la région lyonnaise où il participe au journal *Combat* clandestin ; puis, à la demande de Pascal Pia, il poursuit sa collaboration à Paris. Il y rencontre Aragon, Elsa Triolet, Jean-Paul Sartre, Simone de Beauvoir. Il devient lecteur chez Gallimard. Il travaille au *Malentendu* qui sera créé en juin 1944. Il rencontre Maria Casarès.

1944 Gallimard publie *Le Malentendu* et *Caligula*. À la libération de Paris, Camus devient rédacteur en chef de *Combat*, dirigé par Pascal Pia.

1945 Les émeutes du Constantinois, qui éclatent aussitôt après qu'il eut fait un bref séjour en Algérie, lui inspirent dans *Combat* une série d'articles où il dénonce l'injustice du système colonial et met en garde contre les risques de crise aiguë. Le 5 septembre 1945, naissent ses jumeaux, Catherine et Jean. La création de *Caligula* au théâtre Hébertot avec Gérard Philipe dans le rôle-titre est un succès. Chez Gallimard, il crée et dirige la collection « Espoir » et publie les quatre *Lettres à un ami allemand*, écrites pendant la guerre. Il se lie d'amitié avec Michel et Janine Gallimard. Il rencontre Louis Guilloux et René Char qui deviennent également ses grands amis.

1946 Camus se rend aux États-Unis pour une série de conférences. Il achève *La Peste*.

1947 *La Peste* connaît un grand succès. Il quitte *Combat*.

1948 Camus polémique avec d'Astier de la Vigerie dans la revue *Caliban* à propos de la série « Ni victimes, ni bourreaux » parue dans *Combat*. Il séjourne à Sidi-Madani dans le cadre de rencontres entre intellectuels français et algériens. Il se rend à plusieurs reprises à Lourmarin. La création de *L'État de siège* écrit en collaboration avec Jean-Louis Barrault est un échec.

1949 Camus fait une tournée de conférences en Amérique du Sud. Très affaibli à son retour, il est contraint de se reposer au Panelier. *Les Justes* sont créés en décembre.

1950-1951 Sa santé l'oblige à effectuer de nombreux séjours à Cabris (Alpes-Maritimes). Il publie *Actuelles, Chroniques 1944-1948*. Il achète un appartement rue Madame à Paris où il s'installe avec sa famille. Tous les ans, il effectue un séjour en Algérie, entre autres pour voir sa mère. Il publie *L'Homme révolté*.

1952 Camus se défend à propos de *L'Homme révolté* : il répond à l'indignation d'André Breton dans *Arts*, puis aux attaques d'Henri Jeanson et Jean-Paul Sartre dans *Les Temps modernes*. Ces polémiques souvent violentes l'atteignent profondément. Il démissionne de l'UNESCO suite à l'admission de l'Espagne franquiste.

1953 Camus adapte pour le festival d'Angers *La Dévotion à la croix* de Calderón et *Les Esprits* de Larivey. Les articles et textes parus autour de *L'Homme révolté* sont réunis dans *Actuelles II*.

1954 Francine Camus est atteinte de dépression. Camus publie *L'Été*. Il voyage en Hollande puis en Italie.

1955 Camus adapte au théâtre *Un cas intéressant* de Dino Buzzati. Il voyage en Grèce. Il collabore à *L'Express* d'octobre 1955 à février 1956, principalement pour faire entendre sa voix sur les « événements » d'Algérie.

1956 À Alger, Camus lance sans grand espoir un « Appel pour une trêve civile ». Il publie *La Chute*. Il passe des vacances en famille à L'Isle-sur-la-Sorgue, auprès de René Char. En septembre, la création de son adaptation théâtrale de *Requiem pour une nonne* de William Faulkner est un succès.

1957 Camus séjourne à Cordes (Tarn). Il publie en collaboration avec Arthur Koestler *Réflexions sur la peine capitale* chez Calmann-Lévy et *L'Exil et le Royaume* chez Gallimard. En octobre, le Prix Nobel de littérature lui est décerné, pour « l'ensemble d'une œuvre qui met en lumière, avec un sérieux pénétrant, les problèmes qui se posent de nos jours à la conscience des hommes » ; en janvier suivant, il publie les *Discours de Suède*.

1958 Camus publie *Actuelles III*,

PRÉSENTATION DES ŒUVRES D'ALBERT CAMUS

Chroniques algériennes, réédite *L'Envers et l'Endroit* avec une nouvelle préface. Il voyage en Grèce avec Maria Casarès, Michel et Janine Gallimard. Il achète une maison à Lourmarin.

1959 La création au Théâtre Antoine de son adaptation des *Possédés* de Dostoïevski déçoit. Il envisage de prendre la direction d'un théâtre parisien. Il séjourne à Lourmarin à plusieurs reprises et travaille à la rédaction du *Premier Homme*.

1960 Le 4 janvier, en rentrant en voiture à Paris avec Michel, Janine et Anne Gallimard, Camus est tué dans un accident à Villeblevin (Yonne). Michel Gallimard ne survit pas à ses blessures. Catherine Sintès, mère d'Albert Camus, meurt en septembre.

L'ENVERS ET L'ENDROIT, recueil de cinq essais écrits par Camus entre 1935 et 1936, fut publié chez Charlot (Alger) en 1937 en un petit nombre d'exemplaires. Dans la préface de la réédition du volume (1958), Camus affirme qu'il est la source de toute son œuvre : centré sur la période de l'enfance et de la jeunesse, cet ouvrage à dominante autobiographique insiste sur le personnage de la mère, sur la pauvreté et la beauté violente de l'Algérie. Camus ne cessera de rêver d'une réécriture de ce texte original ; *Le Premier Homme*, son ultime ouvrage resté inachevé, en reprend ainsi les grands thèmes.

NOCES est un recueil de quatre textes publié en 1939 chez Charlot (Alger). Camus y célèbre avec lyrisme les paysages d'Algérie qu'il préfère (Tipasa, Djémila, Alger) ; il les met en rapport avec ceux de la Toscane, découverts lors d'un voyage en 1937.

L'ÉTRANGER est un récit paru en 1942. Le « héros », Meursault, y est condamné à mort moins pour avoir assassiné un Arabe, sur une plage proche d'Alger, que pour n'avoir pas respecté les conventions sociales : il n'a pas pleuré à l'enterrement de sa mère et a eu, le lendemain, une aventure amoureuse. Meursault, qui jouit de la vie au présent, peine à exprimer ses sentiments. Ayant accepté l'absurdité de l'existence, il paie de sa vie son refus de jouer la comédie.

LE MYTHE DE SISYPHE est un essai philosophique paru en 1942 et consacré à l'Absurde (premier cycle de l'œuvre de Camus). Constatant que la question philosophique majeure du siècle est le suicide, Camus définit l'Absurde comme le sentiment qui étreint l'homme lorsqu'il comprend que sa raison est incapable de donner un sens au monde indifférent et muet qui l'entoure. L'écrivain analyse diverses manières de faire face à l'absurdité : le don juanisme, la comédie, la conquête, la création artistique... L'essai s'achève sur l'étude du personnage de Sisyphe, condamné par les dieux à pousser éternellement un rocher qui retombe sans cesse. Camus en fait le symbole de l'homme moderne qui, conscient de son destin, l'assume en faisant de sa condamnation une affirmation de sa liberté.

CALIGULA est une pièce de théâtre publiée en 1944 et jouée pour la première fois en 1945. Inscrite dans le premier cycle de Camus consacré à l'Absurde, elle raconte le basculement du jeune empereur romain dans la démesure après la mort de sa sœur adorée, Drusilla. Découvrant que « les hommes meurent et qu'ils ne sont pas heureux », il fait régner la terreur sur son entourage et sur son peuple. Il donne libre cours à sa volonté de puissance en espérant trouver une résistance ou un homme assez courageux pour l'assassiner.

Les **LETTRES À UN AMI ALLEMAND**

sont quatre lettres rédigées entre juillet 1943 et juillet 1944. Elles paraissent tout d'abord une par une dans *La Revue libre* et les *Cahiers de Libération* puis, réunies, après la Libération. S'adressant à un ami allemand imaginaire, Camus décrit la montée du nihilisme qui a fait basculer la jeunesse allemande dans le nazisme tandis qu'une partie de la jeunesse française faisait l'expérience de la défaite et finissait par choisir de prendre les armes et de lutter pour la liberté. Entrée dans la guerre « les mains pures », ayant fait le détour de la mort et de la torture, la Résistance ne peut que vaincre, prophétise Camus. Il restera ensuite à construire l'Europe sur les valeurs humanistes qu'elle a conquises dans le sang et au prix d'immenses sacrifices.

LE MALENTENDU est une pièce de théâtre jouée pour la première fois en 1944. Une mère et sa fille, Martha, tiennent une auberge dans un pays froid et hostile. Elles assassinent leurs clients de passage pour les détrousser, afin d'aller habiter un jour sur des rivages ensoleillés. Jan, leur frère et fils qui a jadis quitté le foyer, y revient en compagnie de son épouse, Maria. Espérant faire à sa sœur et à sa mère la surprise de son retour, il se présente seul, incognito, à l'auberge. Mais elles le tuent avant de le reconnaître. Découvrant l'identité de leur victime, la mère se donne la mort, bientôt imitée par Martha, qui laisse Maria à son désespoir.

LA PESTE est un roman paru en 1947. Se présentant sous la forme d'une chronique du docteur Rieux, le récit retrace les événements qui se sont déroulés à Oran lors d'une épidémie de peste qui a amené les autorités à mettre la ville en quarantaine. Allégorie de la guerre et du Mal, *La Peste* révèle la lâcheté des uns et le courage des autres. Lucide sur la nature humaine, Camus n'en insiste pas moins sur les valeurs de solidarité et de générosité qui guident désormais les héros ordinaires d'un monde sans Dieu.

L'ÉTAT DE SIÈGE est une pièce de théâtre jouée pour la première fois en 1948. Librement inspirée du roman *La Peste*, elle raconte comment le personnage de « La Peste », aidé par sa secrétaire et un nihiliste nommé Nada, fait régner la terreur sur Cadix. Deux amoureux vaincront leur peur, mèneront une rébellion au péril de leur vie et feront finalement fuir l'ennemi. Plaçant l'intrigue de sa pièce dans l'Espagne franquiste, Camus rappelle à tous que la guerre n'est pas finie et dénonce l'univers carcéral des régimes totalitaires.

LES JUSTES est une pièce de théâtre jouée pour la première fois en 1949. S'inspirant de faits réels, elle relate l'assassinat du grand-duc Serge de Russie en 1905 par un groupe de terroristes révolutionnaires. Après avoir renoncé à lancer sa bombe sur le carrosse du tyran parce que celui-ci était accompagné de ses deux jeunes neveux, Kaliayev débat avec ses compagnons de la légitimité du meurtre d'enfants innocents au nom de l'efficacité de l'action politique. La fin justifie-t-elle les moyens ? Fidèle jusqu'au bout à l'amour qu'il porte à ses amis et à ses convictions morales, Kaliayev assassine le Grand-Duc tout en acceptant, une fois arrêté, d'être exécuté pour son crime.

ACTUELLES est un recueil, publié en 1950, de chroniques que Camus proposa pour l'essentiel au journal *Combat* entre 1944 et 1948. Organisés et présentés par l'écrivain, les articles, lettres et interviews abordent des questions aussi diverses que la libération de Paris, la déontologie journalistique ou la politique d'après-guerre. Mais la majorité des textes concerne d'une part les débats sur l'épuration, mettant en jeu l'opposition entre « la morale et la politique », d'autre part la dénonciation de la terreur totalitaire.

L'HOMME RÉVOLTÉ est un essai philosophique paru en 1951. Il s'inscrit dans le second cycle de l'œuvre de Camus consacré à la Révolte. Placée sous le signe de Prométhée, celle-ci est définie comme un refus individuel de l'injustice qui s'effectue au nom de valeurs collectives. L'essai affirme que l'esprit généreux de la révolte a été historiquement trahi dans la révolution, particulièrement dans le système soviétique. Le dernier chapitre, « La pensée de midi », montre comment le zénith figure ce moment où la lumière s'immobilise : « une limite, dans le soleil » arrête les révolutionnaires sur la voie qui conduit au nihilisme. Une longue et douloureuse polémique, avec notamment Breton et Sartre, suivra la publication de l'essai.

ACTUELLES II est un recueil, publié en 1953, de chroniques que Camus proposa entre 1948 et 1953 pour défendre les thèses développées dans *L'Homme révolté* mais aussi pour rappeler sa fidélité à l'Espagne encore sous le joug du général Franco. La section intitulée « Création et liberté » expose également la conception camusienne de l'écrivain engagé qui sera reprise dans son discours de réception du Prix Nobel de littérature en 1957.

L'ÉTÉ est un recueil de huit textes écrits entre 1939 et 1953, paru en 1954. Revenant sur les lieux décrits dans *Noces*, Camus prend conscience du passage du temps, de l'ennui et de l'amertume des désillusions liées à la guerre. Le retour à la philosophie et à l'esprit de la Grèce antique s'impose comme la seule voie de résurrection possible pour une Europe rationaliste à l'excès qui, en perdant son rapport initial à la nature, a sombré dans la barbarie.

LA CHUTE est un récit paru en 1956 qui devait initialement figurer dans le recueil *L'Exil et le Royaume*, mais qui, en raison de sa longueur, a finalement été édité séparément. Il se présente tout entier sous la forme d'un monologue. Un ancien avocat parisien, Jean-Baptiste Clamence, explique à un auditeur anonyme comment il a choisi de devenir un « juge-pénitent » officiant désormais au fond d'un bar à Amsterdam. Sous prétexte de lui faire visiter la ville et la pittoresque île de Marken, Clamence impose à son compagnon une longue et perverse confession. Avouant des fautes qui vont de l'imposture sociale au crime, il tend à son interlocuteur et à l'humanité en général le miroir de sa propre culpabilité.

L'EXIL ET LE ROYAUME est un recueil de six nouvelles paru en 1957. Les cinq premières nouvelles qui se déroulent en Algérie ou en Europe semblent consacrer la tragédie de l'incommunicabilité des êtres et la solitude à laquelle ils sont condamnés faute de trouver les mots qui unissent et réparent leurs blessures. Le dernier texte qui se passe en Amérique du Sud offre en revanche une perspective d'échange, voire de communion. « La Pierre qui pousse » s'achève ainsi sur une image de repas partagé entre un Européen et des Indiens au delà des malentendus qui séparent habituellement les hommes.

RÉFLEXIONS SUR LA GUILLOTINE est un essai que Camus écrit en 1957 et publie dans un ouvrage intitulé *Réflexions sur la peine capitale* (en collaboration avec Arthur Koestler) pour militer contre la peine de mort.

CHRONIQUES ALGÉRIENNES, ACTUELLES III est un recueil, publié en 1958, de chroniques rédigées par Camus entre 1939 et 1958 sur la question algérienne. On y trouve les premiers textes donnés en 1939 à *Alger Républicain* sur la « Misère de la Kabylie » comme les nombreux articles écrits entre octobre 1955 et janvier 1956 dans *L'Express*. Le recueil inclut l'« Appel pour une trêve civile en Algérie » lancé en janvier 1956 et se clôt, en 1958, sur l'espoir d'une Algérie nouvelle.

LA MORT HEUREUSE est le premier roman de Camus, jamais publié de son vivant. Édité en 1971, il a été rédigé entre 1936 et 1938 au moment où Camus écrivait *L'Envers et l'Endroit* et *Noces*. D'inspiration autobiographique, le récit retrace la jeunesse de Patrice Mersault prêt à aller jusqu'au crime pour trouver le bonheur. Camus n'achèvera pas ce roman pour se consacrer à l'écriture de *L'Étranger*.

LE PREMIER HOMME est le roman inachevé que Camus était en train d'écrire au moment de sa mort. Il fut publié à titre posthume en 1994. À dominante autobiographique, il raconte l'enfance de Jacques Cormery, transposition romanesque d'Albert Camus, ainsi que l'histoire de sa famille en Algérie.

Camus a également participé à Révolte dans les Asturies, *un essai de création collective théâtrale en 1936. Il a adapté pour la scène* Les Esprits *de Pierre de Larivey et* La Dévotion à la croix *de Pedro Calderón de la Barca en 1953,* Un cas intéressant *de Dino Buzzati en 1955,* Requiem pour une nonne *de William Faulkner en 1956,* Le Chevalier d'Olmedo *de Lope de Vega en 1957 et* Les Possédés *de Fiodor Dostoievski en 1959.*

Alger Républicain

À partir de 1937, Camus collabore au journal de gauche *Alger Républicain* dirigé par Pascal Pia ; il s'y occupe tout d'abord de petites rubriques, puis de la critique littéraire ; il suit également pour le journal quelques procès retentissants à Alger et y publie le résultat de plusieurs grandes enquêtes, dont « Misère de la Kabylie » en 1939. Harcelé par la censure, le journal cesse de paraître début 1940. Camus et Pia lancent alors *Soir Républicain* qui connaîtra le même sort en décembre 1940.

Combat

En 1943, Camus entre en contact avec le réseau « Combat » ; il collabore au journal *Combat* clandestin dans la région lyonnaise puis, à la demande de Pascal Pia, à Paris. En 1944, à la libération de Paris, il en devient le rédacteur en chef et acquiert une grande notoriété grâce à ses éditoriaux qui plaident pour l'exigence éthique dans tous les domaines : il dénonce le règne de l'argent et souligne la barbarie de la bombe d'Hiroshima ; il revendique une presse libre et digne. Sa pensée politique se condense dans la vigoureuse série « Ni victimes ni bourreaux » (novembre 1946). Mais il quitte *Combat* en 1947. D'une part, les fondateurs du journal, en proie à de graves difficultés financières, ont dû s'effacer devant une nouvelle direction. D'autre part, une brouille va définitivement séparer Camus et Pascal Pia, qui a renoncé aux utopies du premier *Combat* pour adhérer sans réserves aux idéaux du gaullisme.

L'Express

Camus collabore à *L'Express* entre le mois d'octobre 1955 et le mois de février 1956. La plupart des textes qu'il propose concernent la situation algérienne sur laquelle il espère encore pouvoir intervenir en appelant à la raison les principaux acteurs du conflit. Après l'échec de son « Appel pour une trêve civile en Algérie », il quitte le journal, dont il n'avait jamais vraiment accepté la ligne.

ALBERT CAMUS, CITOYEN DU MONDE
METTRE EN SCÈNE UNE PENSÉE
PAR YACINE AÏT KACI

L'année 2013 marque le centenaire de la naissance d'un des plus grands écrivains de langue française. C'est une année de célébration et d'hommages multiples et cela passe naturellement aussi par une grande exposition. Naturellement ? Albert Camus n'est ni un peintre ni un photographe mais un écrivain, son support est le livre et sa matière, les mots. Exposer Albert Camus revient à exposer un héritage purement immatériel. Certes le Centre Albert Camus de la Cité du Livre regorge de documents uniques, qui sont autant de traces de sa réflexion, mais aucun d'eux n'a été créé en tant qu'œuvre, ce sont les traces matérielles de l'élaboration d'une pensée qui, à elles seules, suscitent une émotion toute particulière. La pensée d'Albert Camus est un héritage vivant, ses mots résonnent toujours d'une vérité toute contemporaine. Qu'on les lise dans un manuscrit, une édition originale, un livre de poche ou un support électronique, les mots de Camus laissent échapper images et sensations qui frappent notre conscience. Tout l'art de Camus se produit dans l'écho de la lecture.

Lorsqu'on m'a proposé de réfléchir à un projet d'exposition qui mettrait à profit mon expérience de création et de mise en scène numérique, le rapport était évident : il ne s'agirait pas d'exposer des reliques et objets ayant appartenu à un grand homme disparu, mais de mettre en scène dans le présent une pensée intemporelle et universelle, qui vaut encore à Albert Camus d'être l'un des écrivains de langue française les plus traduits et les plus lus dans le monde. *L'Étranger* est un des livres français les plus vendus au monde, Albert Camus touche l'humanité dans ce qu'elle a d'essentiel en transcendant son cadre historique et contextuel. C'est une expérience qu'il convient d'offrir au public, un parcours non linéaire dans la pensée de Camus. À travers dix grands thèmes clés, le comité scientifique a choisi un certain nombre de citations dans l'ensemble de l'œuvre de l'écrivain-philosophe. Chacun de ces « modules » est représenté par écran courbe semi-transparent qui laisse entrevoir les autres comme une sorte de palimpseste d'une pensée vivante, où les mots s'entremêlent, où les associations d'idées et les connexions fortuites dessinent au cours de la visite les contours de ce qui peut commencer à s'apparenter à une pensée.

Ces images peuvent donc être lues à l'envers et à l'endroit, se reflétant dans une succession de miroirs sur les murs du parcours. Chaque bribe, chaque mot, chaque phrase résonne avec les autres, le parcours devient comme la bande-annonce vivante de l'œuvre de Camus, pour donner envie de la lire ou de la relire.

C'est également une exposition qui propose une autre façon de lire. En effet, le corpus des citations (plus de cent cinquante) est mis en scène par l'image animée. Chaque citation est une sorte de tableau vidéo dans lequel les lettres s'animent, forment des mots puis les phrases elles-mêmes. C'est un univers dont les lettres sont les atomes, les mots les éléments et les phrases la matière d'une pensée qui se forme dans une combinaison vivante et en perpétuel mouvement. Le texte n'est pas illustré, sa force se suffit à elle-même. En revanche, il est mis en scène de manière à accompagner la lecture, une lecture augmentée. Le rythme, le mouvement, la lumière, les couleurs, la bande-son, tout est fait pour faire voyager le visiteur-lecteur, qu'il s'abandonne peu à peu pour laisser sa propre perception réagir et son inconscient se nourrir de cette expérience sensorielle. Les citations se succèdent dans un ordre semi-aléatoire dans cet univers typographique que nous avons appelé la nuée, un monde de potentiel littéraire infini dont germent les idées et, en l'occurrence, la pensée de Camus. Car, en effet, le propre de Camus est que son écriture est extrêmement sensorielle. Ses mots se lisent autant avec les tripes qu'avec le cerveau, si ce n'est plus. Les descriptions de la chaleur, de la lumière, du froid, des émotions nous touchent dans tous les sens. C'est ce contact charnel avec le texte qui fait l'objet principal de cette mise en scène sensorielle.

« Albert Camus, citoyen du monde » est donc plus qu'une exposition, c'est une expérience audio-visuelle non-linéaire et multiple, qui permet une infinité de visites différentes en soulignant la cohérence d'une pensée qui n'en finit pas d'être contemporaine.

EN SAVOIR PLUS : YACINEAITKACI.COM / ALBERT-CAMUS

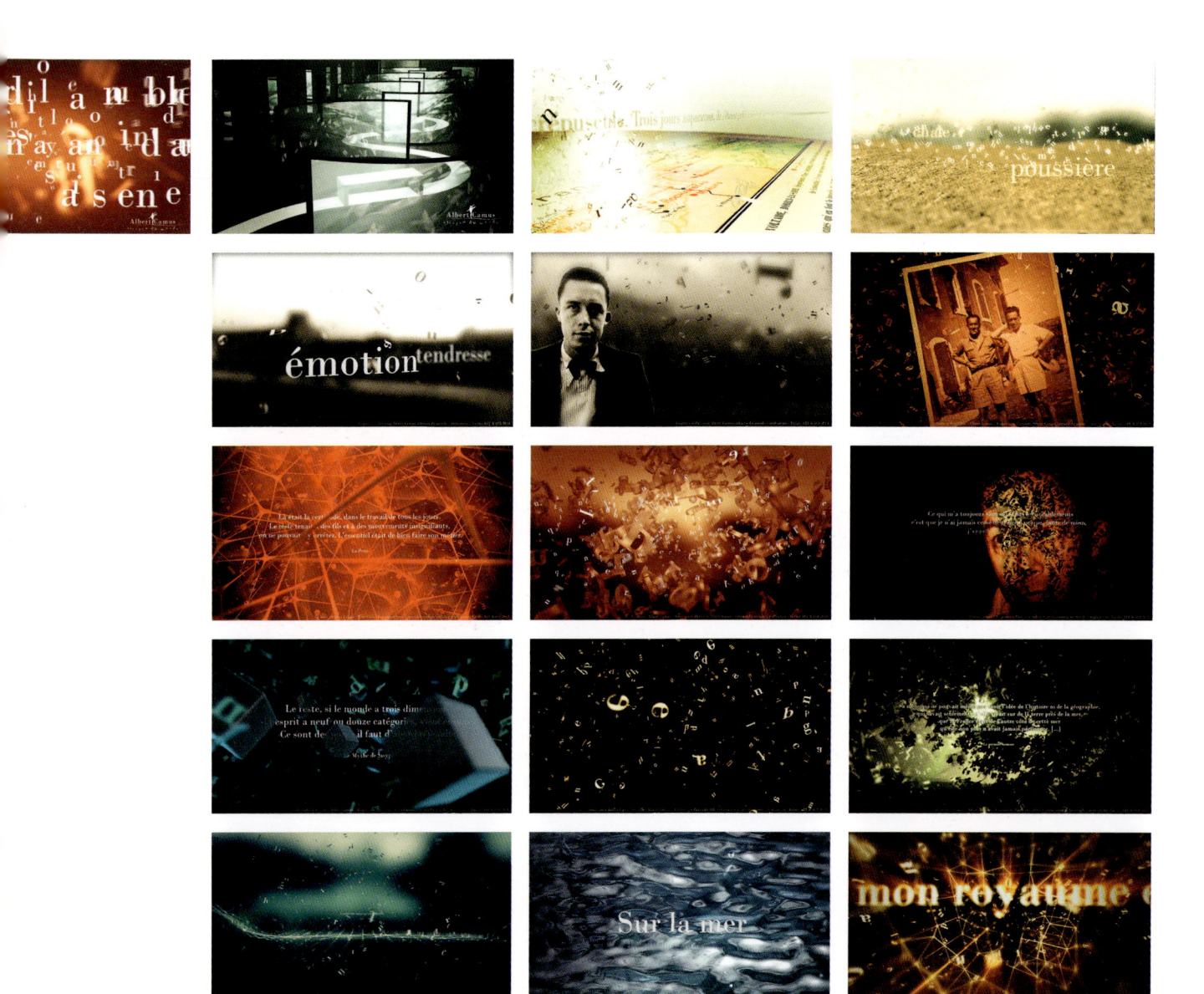

Diplômé de l'École nationale des Arts Décoratifs de Paris, Yacine Aït Kaci fait partie de la première génération digitale. D'abord réalisateur multimédia (divers titres dont le DVD-rom du Louvre en 1999) puis pour la télévision (*Archimède*, Arte, 1998 à 2000), il se lance dans la création artistique pure en fondant Electronic Shadow en 2000 avec l'architecte belge Naziha Mestaoui. Depuis 13 ans, le groupe multiplie les expérimentations, spectacles (dont *Double Vision* avec Carolyn Carlson) et expositions à travers le monde et a récolté de nombreux prix (Grand Prix du Japan Media Art Festival en 2005). Le Musée Granet d'Aix-en-Provence les a accueillis pour leur exposition personnelle *Futuréalismes* qui a réuni plus de 35 000 visiteurs. Reprenant un travail plus personnel, Yacine Aït Kaci concentre aujourd'hui ses recherches sur la mise en scène transmédia et la narration non-linéaire.

LES AUTEURS

MARIE-SOPHIE DOUDET
Marie-Sophie Doudet est maître de conférences en littérature française à l'Institut d'Étude Politiques d'Aix-en-Provence où elle enseigne la culture générale. Elle a réalisé le dossier d'accompagnement de la lecture de *La Chute* et des *Justes* d'Albert Camus dans la collection « Folio-plus classiques » chez Gallimard.

MARCELLE MAHASELA
Bibliothécaire, responsable du Centre Albert Camus depuis 2000, Marcelle Mahasela y propose régulièrement des expositions et des rencontres qui l'ont amenée à publier quelques articles dans la *Revue de la Société des Études Camusiennes* et dans la *Revue des Lettres Modernes Minard*. En 2009, elle participe aux côtés de Catherine Camus au livre publié chez Michel Lafon : *Albert Camus, solitaire et solidaire*.

PIERRE-LOUIS REY
Pierre-Louis Rey est professeur émérite à la Sorbonne nouvelle. Il a publié *Camus. Une morale de la beauté* (SEDES, 2000), *Camus, l'homme révolté* (« Découvertes Gallimard », 2006) et une étude sur *Le Premier Homme* (Gallimard, « Foliothèque », 2008). Il a aussi édité les pièces de Camus en « Folio Théâtre » et participé à l'édition de ses *Œuvres complètes* dans la « Bibliothèque de la Pléiade ».

AGNÈS SPIQUEL
Agnès Spiquel est professeur à l'Université de Valenciennes et du Hainaut-Cambrésis. Elle a enseigné au lycée de Créteil, à l'Université d'Amiens puis à celle de Valenciennes. Elle a longtemps travaillé sur Victor Hugo et sur le romantisme ; désormais elle se consacre principalement à l'œuvre de Camus : elle a écrit de nombreux articles, organisé plusieurs colloques et participé à l'édition de ses *Œuvres complètes* dans la « Pléiade », ainsi qu'au *Dictionnaire Camus* (Laffont, 2009).

MAURICE WEYEMBERGH
Maurice Weyembergh est professeur de philosophie à la Vrije Universiteit Brussel, à l'Université Libre de Bruxelles, et a été vice-président de la Société des études camusiennes jusqu'en 2009. Il a notamment publié *Albert Camus ou la mémoire des origines* (De Boeck, 1998), a participé à l'édition des *Œuvres complètes* de Camus dans la « Pléiade » et au *Dictionnaire Camus*.

CRÉDITS PHOTOGRAPHIQUES

© Yacine Aït Kaci, 2013 : 10, 34, 56, 76, 98, 114, 134, 148, 160, 180, 207, 208.
© Adagp, Paris 2013 : 15(4), 17(8), 33(2), 60(1), 67(6), 80(1), 110(3), 113(5), 129(5), 153(5), 170(1), 172(2), 187(5), 188(1), 191(3).
© AKG-images : 84(2).
Photo Archives Gomès / © Fondation Balthus, 2013 : 41(2).
Collection Blanche Balain : 171(5).
© Hacène Benaboura / D. R. : 44(1).
© Jean-Pierre Bénisti : 21(3), 23(3), 166(1), 174(2).
Collection Jean-Pierre Bénisti : 15(5), 16(4), 23(2).
© Louis Bénisti : 51(6), 63(7), 147(4), 171(3).
Bernand CDDS Enguérand : 70(1), 173(3), 176(1), 190(1).
© Boisgontier / USIS-DITE : couverture 1er plat, 97(2).
© Emmanuel Boudot-Lamotte : 194(3).
Collection Catherine et Jean Camus, Fonds Albert Camus, Bibliothèque Méjanes, Aix-en-Provence. Droits réservés : 12, 14(1 et 2), 16(2 et 3), 17(5, 6 et 7), 18(1), 19(2 à 5), 20(1, 2 et 4), 21(2), 22(1), 23(5 et 6), 24(2 et 3), 25(4, 5 et 6), 26(2 et 4), 28(1, 2 et 3), 30(2), 36, 38(1 et 2), 39(3), 40(1), 41(3), 42(1, 2 et 3), 43(5 et 6), 45(3), 46, 48(1 et 3), 49(5 et 6), 50(2 et 3), 51(4, 5, 7 et 8), 52(1), 53(3, 4 et 5), 54(1), 55(2), 62(2), 63(4, 5 et 6), 64(2), 66(2), 67(5 et 6), 68(1, 2 et 3), 69(5 à 8), 71(2 et 4), 72(1 et 2), 74, 75(4), 78, 81(3, 4 et 5), 82, 83(3), 84(1), 85(3 et 4), 86(2), 87, 90(1 à 4), 92, 93(2 et 4), 94(1 à 4), 95, 96(1), 97(4), 102(2), 103(5 à 6), 104(2 et 3), 106(1), 107(4 et 5), 108(2, 3 et 4), 109(6, 7 et 9), 111(5 et 6), 112(1 et 3), 113(1 à 4), 118(1 et 2), 119(3), 120(1 et 2), 121(4), 122(3 et 4), 125(3 et 4), 126(1 à 3), 128(2), 129(5), 130(2), 131(3), 132(1 à 4), 133(7), 139(2 et 3), 140(1 à 4), 141(5 et 6), 142(3), 143(4 et 6), 145(4), 146(1), 152(2 et 3), 153(4, 5 et 6), 154(1, et 5), 156(1 et 2), 158(1), 162, 165(3 et 4), 167(2), 168(1 et 2), 169(3), 170(2), 173(4), 174(1), 175(3), 176(2), 178(1), 180, 182, 184(1 et 2), 186(2), 187(3 à 5), 189(2), 191(3), 192(2), 193(4), 194(1), 197(3).
Studio Roger Carlet / D. R. : 89(2), 105(5 et 6).
La Collection / Léon Herschtritt : 43(4).
Collection ChristopheL : 123(5).
Collection particulière : 30(1), 44(2), 73(4), 75(2 et 3), 96(1), 102(3 et 4), 108(5), 110(2 et 3), 133(6), 147(3), 150, 173(5), 195(4).
© Dagens Nyheter, Suède : 91.
Photo Marguerite Dobrenn : 171(4).
D.R. : 15(6 et 7), 29(4), 41(4), 62(3), 110(1), 111(4), 122(1 et 2), 164(2), 191(2), 193(3).
FRCAOM, Aix-en-Provence : 14(2).
© Futuropolis : 138, 164(1).
Archives Éditions Gallimard, Paris : 39(4), 41(5), 48(2), 51(9), 65 Henri Manuel(4), 67(3 et 4), 86(1 et 2), 105(4), 108(1), 110(2), 112(2), 128(3), 138(1), 141(7), 143(5), 146(2), 147(5), 154(2, 3 et 4), 186(1), 192(1) 196(2).
© Michel Gallimard : 196(1).
© Gallimard Jeunesse : 83(2).
© Gamma-Rapho / François Le Diascorn-Rapho : 32(1), 159(2).
© Gamma-Rapho / Keystone : 61(2), 71(3).
© Getty Images : 125(5), 144(3).
© Popperfoto / Getty Images : 58.
© Time & Life Pictures / Getty Images : 31(3), 100, 104(1).
© Archives INA : 93(3).
Collection Kharbine-Tapabor : 102(5).
Photo Sergi Landau / D. R. : 50(1).
© Leemage / Mondadori : 88(1). © Leemage / FineArtImages : 188(1).
© Magnum Photos / Erich Lessing : 128(1).
Photos Bernard Mahasela : 29(5 et 6). Collection Marcelle Mahasela : 194(2).
© Baviera Guido / Sime / Photononstop : 26(3).
Roger Parry : (C) Ministère de la Culture - Médiathèque du Patrimoine, Dist. RMN-Grand Palais / Roger Parry : 23(4), 24(1).
© Paris-Match / Jarnoux : 172(1)
© Centre Pompidou, MNAM-CCI, Dis. RMN-Grand palais / Gisèle Freund, reproduction G. Meguerditchian : 109(7).
© BPK, Berlin, Dist. RMN-Grand Palais / image BStGS : 185(3).
© Alinari / Roger-Violet : 26(1), © BHVP / Roger-Violet : 157(3), © Tony Burnand / Roger-Violet : 155(6), © François Kollar / Bibliothèque Forney / Roger-Violet : 64(1), © Lapi / Roger-Violet : 142(1 et 2), © Bernard Lipnitzki / Roger-Violet : 133(5), © Studio Lipnitzki / Roger-Violet : 47, 106(2 et 3), 179(2), © Neurdein / Roger-Violet : 127(5), © Gaston Paris / Roger-Violet : 62(1), 80(2), © Roger Schall / Musée Carnavalet / Roger-Violet : 21(5), ©TopFoto / Roger-Violet : 119(4), © Roger-Violet : 49(3), 63(3), 124(1 et 2) 121(3), 144(1 et 2), 152(1), © André Zucca / BHVP / Roger-Violet : 127(4).
© Bernard Rouget : 97(3).
© Rue des Archives / Agip : 129(5), 130(1).
© Rue des Archives / Marc Charuel : 131(4).
© Rue des Archives / René Saint-Paul : 66(1), 68(4), 116, 136
© Rue des Archives / Tallandier : 39(5).
© Photo Scala : 177(3). © Photo Scala, Florence-courtesy of the Ministero Beni e Att. Culturali : 52(2).

Nous avons cherché en vain les ayants-droit ou héritiers de certains documents. Un compte leur est ouvert à nos éditions.

Photogravure : IGS

Cet ouvrage composé en Jigsaw et Lunatix par Dominique Guillaumin,
a été achevé d'imprimer en septembre 2013 sur les presses de Geers Offset en Belgique.

Dépôt légal : septembre 2013
ISBN 978-2-07-014239-2

255045